Andrea Hahn, Chris Korner

Mythische Dichterorte

Andrea Hahn und Chris Korner

Mythische Dichterorte

Literarische Spaziergänge rund um Stuttgart

Mit Fotografien von Chris Korner

SILBERBURG

Sollte dieses Werk Links auf Webseiten Dritter enthalten, so machen wir uns die Inhalte nicht zu eigen und übernehmen für die Inhalte keine Haftung.

1. Auflage 2019

Umschlaggestaltung: Anette Wenzel, Tübingen.
Lektorat: Gertrud Menczel, Böblingen.
Printed in Slovenia by Florjancic.

ISBN 978-3-8425-2069-1

Inhalt

Vorwort

Bei Lebzeiten und ein halb Jahrhundert nach dem Tode für einen großen Geist gehalten werden, ist ein schlechter Beweis, daß man es ist. Durch alle Jahrhunderte aber hindurch dafür gehalten werden, ist ein unwidersprechlicher.
GOTTHOLD EPHRAIM LESSING

Ab wann gilt man als großer Geist? Ab wann ist ein Ort ein mythischer Dichterort? Gotthold Ephraim Lessing hat im Grunde beide Fragen beantwortet, wenn auch die zweite Frage nur indirekt. Weder die Gegenwart noch die nächsten fünfzig Jahre verraten, was sich in das kollektive Gedächtnis derart intensiv und auch positiv einprägen wird, dass es überzeitliche Geltung erreicht. Manchmal können wir vermuten, welcher Künstler, Politiker oder sozial engagierte Mensch unserer eigenen Zeit es schaffen wird, doch es bleibt bei der Vermutung. Anders sieht es mit Persönlichkeiten aus, die vor ein, zwei, drei oder noch mehr Jahrhunderten wirkten.

Dass Johannes Kepler, Friedrich Schiller, Friedrich Hölderlin und Friedrich Wilhelm Joseph Schelling zu den international geachteten und beachteten Größen der Geistesgeschichte gehören, bestreitet wohl keiner. Auch Hermann Hesse hat sich diesen Ruf erworben, die Nobel-

Das Schiller-Denkmal in Marbach am Neckar war einst das große Desiderat der Bevölkerung. Noch heute besitzt es eine starke Anziehungskraft.

In den Kasematten der Festung Hohenasperg – für C. F. D. Schubart wurde das gefängnis zu dem Ort, an dem ihm der freie Blick genommen wurde.

preismedaille als sichtbaren Beweis im Nachlass. Christian Friedrich Daniel Schubart, Justinus Kerner, Ludwig Uhland, Wilhelm Hauff, Gustav Schwab erreichten einen nicht ganz so hohen, aber doch überregionalen und weit über ihre Zeit hinausreichenden Rang. Mancher hat zu seinen Lebzeiten vielleicht nicht viel mehr dazugetan, als ein bunter Hund zu sein, wurde aber von der Nachwelt durch eine Vermischung von Dichtung und Wahrheit zu ungeahnter Größe erhoben – Faust ist ein schillerndes Beispiel. Es gibt aber auch die fast Vergessenen wie den Warmbronner Christian Wagner, die es verdient hätten, im Gedächtnis der späteren Generationen nachhaltig verankert zu werden, und die es leider kaum schafften – zumindest bis dato.

Die Orte, an denen diese mehr oder weniger Großen zur Welt kamen, aufwuchsen, wirkten oder begraben wurden, die sie liebten oder mieden, die sie bedichteten oder die ihnen angedichtet wurden, entwickelten sich zusammen mit ihnen zu Stätten, die in unserer Wahrnehmung etwas Besonderes sind. Der Hohenstaufen und Kloster Lorch wurden als Stauferstätten zu Wallfahrtsorten auf dem Weg zur deutschen, Schloss Lichtenstein auf dem Weg zur württembergischen Identitätsfindung. Friedrich Schillers

Geburtsort und der Ort seiner schulischen Leidenszeit stiegen zu begehrten Zielen derjenigen auf, die sich nach Freiheit sehnten. Im Gegensatz dazu wurde und wird die Festung Hohenasperg als Schreckensort für willkürlichen Freiheitsentzug und der Tübinger Hölderlinturm als Schreckensort für Freiheitsentzug aus Krankheitsgründen wahrgenommen. Dass beide mit wunderschöner Aussicht gesegnet sind, verstärkt die Wirkung, die von ihnen ausgeht. Dies gilt auch für die Grabkapelle auf dem Württemberg, die durch ihre Lage über dem Neckar und auf der Kuppe eines Weinbergs besticht. Ebenso wie der Stuttgarter Hoppenlaufriedhof wird sie aber vor allem als romantische Stätte des Todes sowie des Weiterlebens in der Liebe und im Gedenken durch die Nachwelt wahrgenommen. Romantik und Idylle sind es auch, die den Reiz von Weinsberg mit dem Kernerhaus und der Weibertreu sowie des Schwarzwaldstädtchens Calw als Dichterstätten erheblich steigern. Leonberg mit Gebersheim und vor allem das ländliche Warmbronn zehren ebenfalls von einem solchen Status, wobei sie sich erheblich schwerer tun.

Gerade die letztgenannten Orte werfen die Frage auf, was ein mythischer Dichterort eigentlich ist und welche Stätten man dazurechnen kann. Laut *Duden* darf sich als »Mythos« bezeichnen, was als »Person, Sache, Begebenheit« »(aus meist verschwommenen, irrationalen Vorstellungen heraus) glorifiziert wird, legendären Charakter hat«. Nach Wikipedia bezeichnet »Mythos« »Personen, Dinge oder Ereignisse von hoher symbolischer Bedeutung oder auch einfach nur eine falsche Vorstellung oder Lüge«. Das Adjektiv »mythisch« werde »in der Umgangssprache häufig als Synonymbegriff für ›märchenhaft-vage, fabulös oder legendär‹ verwendet«. Leonberg und seine Teilorte werden sicher in der allgemeinen öffentlichen Wahrnehmung weder glorifiziert, noch besitzen sie einen legendären Ruf, schon gar nicht in Sachen Literatur, und um die geht es im

Natur und Kultur gehören bei ihm untrennbar zusammen: Christian Wagner, der Bauer und Dichter aus dem heute zu Leonberg gehörenden Warmbronn mit seinem Hund.

vorliegenden Buch. Trotzdem haben sie hier einen Platz gefunden, denn bedeutende Persönlichkeiten der (Literatur-) Geschichte stehen zu ihnen in Beziehung. Bei Warmbronn hat man zudem den Eindruck, dass die Zeit für die Gedenkstätte des Dichterbauern Christian Wagner, dem der Schutz und die Achtung vor der Natur zum höchsten Gut wurden, erst noch kommen wird. Bei den anderen mythischen Dichterorten dürfte es keinen Diskussionsbedarf geben, ihr Status als legendärer, märchenhafter und manchmal auch glorifizierter Literaturort ist allgemein anerkannt. Viel eher könnte hinterfragt

werden, warum manche Orte dieser an literarischen Gedenkstätten so reichen Gegend es nicht in dieses Buch schafften – die vielen Wirkungsstätten Eduard Mörikes etwa, eine Stadt wie Ludwigsburg, die Geburtsort von gleich mehreren bekannten Dichtern und Philosophen wurde, oder Orte, die in Verbindung zu literaturgeschichtlich bedeutenden Frauen stehen.

Mythische Dichterorte ist zum einen als Lesebuch gedacht, zum anderen als Buch, das auf Ausflügen mitgenommen und kapitelweise vor Ort gelesen werden kann. Aus diesem Grund musste es handlich bleiben und vom Umfang her beschränkt werden. Der eine oder andere Ort, der noch denkbar gewesen wäre, fiel somit unter den Tisch. Chris Korner und ich überlegten uns zu Beginn, welche Orte uns unmittelbar in den Sinn kommen, im Anschluss wurde die Probe aufs Exempel gemacht. Ich fragte literarisch interessierte Freunde und Bekannte, welche Stätten ihnen als legendäre, mythische Dichterorte in der Region Stuttgart spontan einfielen. Sie zählten, wenn auch nicht in ihrer Vollständigkeit, so doch mit überwältigender Mehrheit, genau die Orte auf, die in diesem Buch versammelt sind.

Wir zogen also aus, Chris Korner fotografierend, ich recherchierend und schreibend, und sammelten die »mythischen Dichterorte« rund um Stuttgart ein. Auf unserem Weg begegneten wir vielen Menschen, die uns bei unserer Arbeit halfen und bei denen wir uns herzlich bedanken möchten. Am Anfang steht der Silberburg-Verlag, damals noch in Besitz von Titus Häussermann und Christel Werner, die in Bebenhausen fast schon selbst noch

Die Wurmlinger Kapelle mit ihrer romanischen Krypta aus der Zeit um 1100 war und ist ein beliebtes Ziel für Romantiker.

eine mythische Dichterstätte geschaffen haben. Die Idee zu diesem Buch kam überhaupt erst aus dem Verlag, allen voran von den Lektoren Martin Klaus und Torsten Schöll. Sie wünschten sich nach *Poesie im Kreuzgang* von uns einen zweiten Titel und brachten uns auf die Idee, dabei aus dem zu schöpfen, was ich in rund zwanzig Jahren für die Literatur-Spaziergänge Hahn, Kusiek & Laing erarbeitet habe. Dass dieses Material dann doch nur einen Teil des hier Geschriebenen ausmacht und wir zudem einen fordernden Brotberuf und Familien haben, hat die Arbeit länger dauern lassen, als wir geplant hatten. Noch größerer Dank gebührt deshalb den Mitarbeitern des Verlags für die jahrelange Geduld, mit der sie auf das Manuskript warteten. Torsten Schöll und Rüdiger Müller sei darüber hinaus gedankt, dass sie uns am Ende doch zu drängen anfingen, ohne sie wären wir vermutlich immer noch mitten im Sammeln und Sichten. Aus Erfahrung weiß ich, dass es nicht einfach ist, das Manuskript einer anderen Lektorin zu bearbeiten, Gertrud Menczel hat das sehr einfühlsam getan, herzlichen Dank dafür.

Allen, die uns Abdruckgenehmigungen und Fotoaufnahmen gewährten, sei ebenso gedankt wie den Mitarbeiterinnen und Mitarbeitern des Deutschen Literaturarchivs in Marbach am Neckar. Wie immer stellten sie meine meist nächtlichen Buchbestellungen am nächsten Vormittag zuverlässig und liebenswürdig bereit.

Mein ganz persönlicher Dank gilt Chris Korner. Wir haben nun nach *Poesie im Kreuzgang* das zweite Buch miteinander gemacht, und wieder hatte er das Pech, dass er mir und meinem Manuskript mit Zeitdruck hinterherarbeiten musste. Er hat dies mit bewundernswerter Gelassenheit und Humor ertragen und trotzdem Fotos gemacht, die das Geschriebene und die Stimmung der mythischen Dichterorte aufs Schönste hervorheben. Herzlichen Dank sage ich auch seiner Frau Julia Müller, die die gesamte Arbeit begleitete und als Leiterin des Graevenitz-Museums auf der Solitude wertvolle Anregungen beisteuerte. Beim Stichwort Solitude soll auch das Dankeschön an den Autor Werner Fritsch stehen, der spontan einige Erinnerungssätze spendete.

Von Herzen sage ich meinem Mann Heiko Kusiek und unseren Söhnen Tim und Mika Dank. Sie haben hingenommen, dass ich mich lieber mythischen Dichterorten zuwandte als den Tugenden, die man einer guten Hausfrau nachsagt. Mehr noch: Für geraume Zeit konnte ich mich einfach an den gedeckten Tisch setzen – ein Luxus, den leider nicht viele Frauen genießen dürfen.

Nun wünschen wir allen eine schöne Reise in die legendäre Welt der Dichter, Dichterinnen und ihrer Dichtung, zu den mythischen Orten der Literatur rund um Stuttgart.

Blutmond über der Grabkapelle auf dem Württemberg – die Begräbnisstätte für die legendäre Königin Katharina von Württemberg wurde zur Pilgerstätte.

Stauferland

Die Heimat der wahren Ritter

Werdende Eltern, die in Schwaben leben und insgeheim hoffen, dass der eigene Sprössling später Großes leisten und in die Geschichte eingehen werde, sollten diesen wohl am besten Friedrich nennen. Friedrich Schiller, Friedrich Hölderlin, Georg Wilhelm Friedrich Hegel und Friedrich Wilhelm Joseph Schelling können als gutes Omen dienen. Doch selbst der Dichterfürst Friedrich Schiller ist schon fast ein Leichtgewicht im Vergleich zu den Stauferkaisern Friedrich I. Barbarossa und Friedrich II., auf die man sich ebenfalls berufen kann. Die Staufer waren zwar nur gut 100 Jahre an der Macht, von der Mitte des 12. bis zur Mitte des 13. Jahrhunderts, und das Heilige Römische Reich, das sich unter ihnen vom Norden Deutschlands bis nach Sizilien ausdehnte, war ein instabiles Gebilde, das nach dem Untergang der Dynastie schnell auseinanderfiel. Auch war ihre Herrschaft vom ständigen Konflikt mit dem Papst und den deutschen Fürsten geprägt, was sie bei ihren Widersachern so verhasst machte, dass sie dieses »Natterngezücht« unbarmherzig auszurotten versuchten. Dennoch galt und gilt diesem Herrschergeschlecht die Liebe ganzer Generationen geschichtsinteressierter Deutscher und das aus gutem Grund. Unter den Staufern war das Heilige Römische Reich deutscher Nation ein vergleichsweise einheitliches Gebilde, besaß eine gemeinsame Hochsprache und blühte in Kunst, Architektur und Wissenschaften auf. Die Staufer ließen Hunderte von Burgen zur Sicherung ihrer Macht bauen, die typischen Buckelquader waren eines der Markenzeichen. Der Städtebau wurde vorangetrieben, wobei die älteste Stauferstadt im Stammland lag: Schwäbisch Gmünd. Universitäten wurden gegründet, darunter in Neapel die erste Hochschule, für die bezeichnenderweise keine Erlaubnis vom Papst eingeholt wurde. Vor allem aber prägten die Staufer wie keine andere Dynastie das Bild vom höfischen Rittertum – einem Rittertum, das nicht mordbrennend durch die Gegend ziehen und zechend im Palas sitzen sollte. Gott und seinem

Dienstherrn gegenüber treu, beständig in der Ausübung des Guten und maßvoll in der Herrschaft, so hatte der ideale staufische Ritter zu sein, zum Vorbild sollte er sich die heldenhaften Kollegen aus der Artusrunde nehmen. Die höfische Dame wurde aufgewertet und zur Gerichtsinstanz stilisiert, im Minnedienst zu ihr sollte der Ritter beweisen, dass er die geforderten guten Eigenschaften auch wirklich lebte. Gelang es ihm nicht, hatte er ihren Dunstkreis zu verlassen. So zumindest sah das Ideal vom höfischen Rittertum aus, das die großen mittelhochdeutschen Dichter Hartmann von Aue, Gottfried von Straßburg, Wolfram von Eschenbach und Walther von der Vogelweide in ihren Werken zeichneten.

Zu verdanken haben die Staufer ihren Ruhm vor allem zwei Herrschern mit dem Namen Friedrich – kein Wunder, dass der Leitname der Dynastie bis ins 20. Jahrhundert hinein zu den beliebtesten Vornamen überhaupt zählte, auch in der weiblichen Form Friederike. Der eine ist Friedrich I. Barbarossa, der als erster Staufer die Kaiserkrone trug, der zweite sein hoch gebildeter Enkel Friedrich II., der den Zeitgenossen als »stupor mundi«, als »Erstaunen der Welt«, galt. Nach solchen Persönlichkeiten sehnte sich das Volk jahrhundertelang offenbar so sehr,

Kloster Lorch mit dem markanten Marsiliusturm erstand als mythische Stauferstätte im 19. Jahrhundert aus den Trümmern auf.

Friedrich II. besaß viele Talente, so verfasste er mit »De arte venandi cum avibus« ein Standardwerk über die Beizjagd.

dass es sich immer und immer wieder die sagenhafte Wiederkehr der beiden ausmalte. Zunächst war es Friedrich II., der angeblich nicht wirklich tot, sondern durch einen Zauber in eine Höhle des thüringischen Kyffhäusers versetzt worden sei, von wo er eines Tages wiederkehren und das Reich zu neuer Größe führen werde. Im 15. Jahrhundert allerdings wechselte das Höhlenpersonal, ab da war es nicht mehr der Enkel, sondern Friedrich I. Barbarossa, dem diese Aufgabe zufiel. Vielleicht konnte man sich den Großvater, der schon zu Lebzeiten durch seine Gesichtstracht aufgefallen war, besser als Greis vorstellen, der dasitzt und gedul-

Markante »Kaiserberge« – die Zeugenberge Hohenstaufen und Rechberg, nach einem Stahlstich von Louis Mayer aus dem Jahr 1836.

dig wartet, bis sein Bart dreimal um den Tisch herumgewachsen ist, damit er endlich das, was von ihm erwartet wird, erledigen kann. Wieso aber ist es der Kyffhäuser, in dem der Staufer sitzt? Weil Barbarossa sich in der Königspfalz Tilleda mit Heinrich dem Löwen versöhnte und den Streit zwischen Welfen und Staufern beilegte? Oder weil sich der Kyffhäuser so schön in der Mitte Deutschlands befindet? Mag beides sein, doch näher müsste eigentlich der Gedanke liegen, ihn tief unten in den schwäbischen Hohenstaufen ❶ zu setzen, der immerhin den Stammsitz der Staufer auf seinem Plateau trug. Mindestens einmal hat Barbarossa die Burg, in der seine Dynastie ihre Wurzeln sah, tatsächlich auch besucht. Im Jahr 1181 wurde urkundlich ein Aufenthalt »in castro Stoufen« vermerkt.

Wo die Vorfahren der Staufer herkamen, weiß man nicht, man nimmt an, dass ihre Heimat das Nördlinger Ries war. Im 11. Jahrhundert taucht in Urkunden ein Friedrich von Büren, Pfalzgraf von Schwaben und Graf im Riesgau, auf. Er muss in der Gegend von Lorch gelebt haben und so bedeutend gewesen sein, dass er die aus dem Elsass stammende Hildegard von Egisheim zur Frau erhielt. Möglicherweise war sie eine Nichte von Papst Leo IX., auf alle Fälle brachte sie ein beträchtliches Vermögen mit. Der Aufstieg, der folgte, war fulminant. Sohn Friedrich, der von etwa 1050 bis 1105 lebte, begleitete den römisch-deutschen König und Kaiser Heinrich IV. auf dessen beschwerlichem Gang nach Canossa. Dieser dankte ihm die Treue, indem er ihn 1070 zum ersten Herzog von Schwaben ernannte und ihm seine Tochter Agnes von Waiblingen zur Frau gab – eine weitreichende Handlung, denn dadurch erhielten die Nachkommen Friedrichs Anspruch auf den Thron der Salier. Solche Macht musste gesichert und aller Welt gezeigt werden. Friedrich gab den Herrensitz der Familie im Gebiet von Lorch auf und erbaute auf dem nahen Hohenstaufen eine wehrhafte Burg. Der Berg wurde zum Namengeber für das Geschlecht der neuen Herzöge von Schwaben, die Staufer waren aus der Taufe gehoben. Da nördlich und südlich des Hohenstaufen zwei wichtige Fernstraßen vor-

Herzog Friedrich von Schwaben und seine Gattin Agnes von Waiblingen mit einem Modell ihrer Stiftung Kloster Lorch.

Konradin, der letzte legitime Erbe der staufischen Dynastie, regte die Phantasie der Dichter in besonderem Maße an.

beiführten, die er sichern musste, und die exponierte Lage auf dem Zeugenberg perfekt für beste Rundumsicht sorgte, hatte Friedrich I. von Staufen, wie er sich jetzt nennen konnte, eine strategisch kluge Wahl getroffen.

Keine Rolle bei der Wahl dürften die Reize der Natur gespielt haben, die sehr viel später von den Romantikern ins Feld geführt wurden. In Ludwig Uhlands 1823 herausgegebenem Fragment *Konradin* will der schwäbische Truchsess den jungen Staufer Konradin zur Rückkehr nach Deutschland überreden und beschwört ein Bild der Idylle herauf:

O denk' an jenen Berg, der hoch und schlank
Sich aufschwingt, aller schwäb'schen Berge schönster,
Und auf dem königlichen Gipfel kühn
Der Hohenstaufen alte Stammburg trägt!
Und weit umher, in milder Sonne Glanz,
Ein grünend, fruchtbar Land, gewundne Thäler,
Von Strömen schimmernd, herdenreiche Triften,
Jagdlustig Waldgebirg, und aus der Tiefe
Des nahen Klosters abendlich Geläut.

So er ihm denn je gegeben wurde, folgte Konradin dem Rat nicht. Er wurde gefangen genommen und an seinen Gegner Karl I. von Anjou ausgeliefert, der vom Papst mit Sizilien belehnt worden war. 1268 – mit gerade einmal sechzehn Jahren – richtete man ihn in Neapel öffentlich hin.

Der letzte legitime Staufer, der Herzog von Schwaben und auch König von Sizilien war, beschäftigte die Dichter Schwabens ganz besonders. Nicht nur Uhland versuchte sich an einem Werk über ihn, schon viel früher hatte sich Friedrich Schiller mit dem Gedanken getragen, den historischen Stoff zu dramatisieren. Fast zeitgleich veröffentlichte sein Jugendfreund Karl Philipp Conz, Sohn des Lorcher Klosteramtsschreibers, ein Konradin-Drama. Als Jungen hatten beide oft die Bildnisse der Staufer betrachtet, die Abt Laurentius Authenrieth um 1530 auf den Pfeilern des Mittelschiffs in der Abteikirche von Kloster Lorch ❷ hatte anbringen lassen. Im Vorwort seines Dramas schreibt Conz:

Und wie oft hab ich nicht gestanden an Euren Bildnissen, noch als Knabe – o der wehmüthigfrohen Erinnerung! – Da ich noch nicht wußte, wer die Männer wären mit den ehrwürdigen Bärten und den Kraftgesichtern und Gluthbliken in den langen Röken mit den weiten Falten: – Und doch flößtet Ihr mir so heilige Ehrfurcht ein. Damals wars auch, daß in eben Euren Reihen der blühende Jüngling mit dem traurigen Auge, und ob ihm die Vorstellung seiner grausamen Hinrichtung, meine Aufmerksamkeit auf sich zog: Ich hörte seine Geschichte, las sie, und schwurs leise, ihm ein Denkmal zu errichten.

Künstlerische und vor allem auch literarische Denkmäler wurden den Staufern ab der Romantik in Mengen errichtet. Spätestens mit der Wiederentdeckung des deutschen Mittelalters, den napoleonischen Kriegen und der daraus resultierenden Identitätssuche der Deutschen und besonders auch der Schwaben stieg das zwischendurch fast vergessene Herrschergeschlecht zu neuen Höhen auf. Die Orte, die von ihnen zeugen, und das sind zwischen Rems und Fils sehr viele mehr als die beiden, um die es hier geht, wurden zu wahren Pilgerstätten. Mit

Auszug aus dem »Konradin-Fragment« von Ludwig Uhland. Die Idee beschäftigte ihn seit 1816, erste Szenen begann er 1819 auszuarbeiten. Für ein Drama schien ihm der Stoff dann aber doch nicht günstig zu sein.

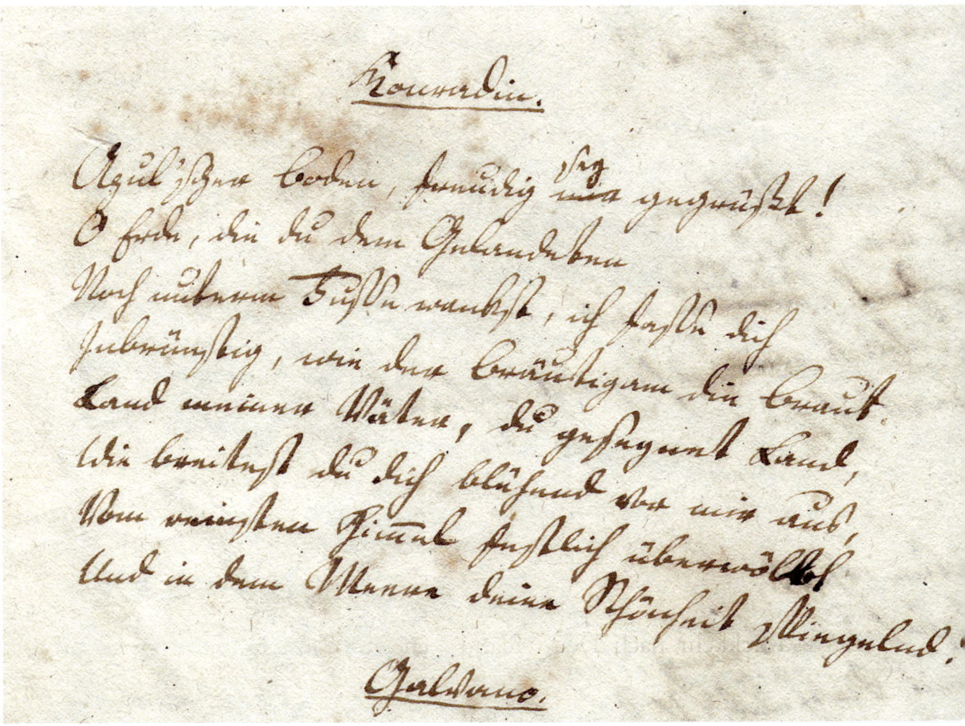

dem Hohenstaufen als Stammsitz tat man sich allerdings etwas schwer. Die Burg wurde nach dem Untergang der Staufer vom habsburgischen König Rudolf zur Reichsburg erklärt und als Pfand an die Grafen von Württemberg gegeben, ein ständiges Hin und Her war die Folge. 1525 schließlich wurde sie im Bauernkrieg zerstört. Herzog Christoph von Württemberg gab sie zum Abbruch frei und nützte das Material gleich selbst, um in Göppingen ein Schloss zu bauen. 1588 besuchte der Tübinger Historiker Martin Crusius die Burgruine und fertigte Skizzen von den Resten an. Er zeigte sich, wie unter anderem Gustav Schwab überliefert, entsetzt:

[…] jetzt war nichts zu sehen, als bloße Mauern und Thürme, ohne Ziegel und Holz. Lieber Gott! soll eine so große Herrlichkeit der mächtigsten Fürsten und Monarchen zu einem so scheußlichen Anblicke gediehen seyn? Kein Kaiser, kein Fürst ist mehr da; keine Hofleute, keine Ritter, keine griechische Irene, keine andre Kaiserin, keine Herzogin, kein Frauenzimmer: kein Geräusche mehr der Menschen, keine Trommete hört man weit und breit werschallen. Alles ist verschwunden, wie ein Rauch, alles ist hinweggeflogen, wie ein Vogel. Ein Bauernschultheiß hat jetzt den Schlüssel zu dem Thor, welches für [vor] Alter fast wurmstichig ist: er mähet das Gras, das im Schloßhofe hoch stehet: der Holderbaum wächst da und dort in den Winkeln.

In allen Theilen des Schlosses ist kein Bildniß, keine Inschrift, kein Wappen, keine Farbe mehr. Alles ist durch Feuer, Regen oder böse Zeiten ausgetilgt. Was ein schöner Körper war, ist jetzt nur ein Beingerippe.

Die Tatsache, dass seine Vorfahren der Stammburg der Staufer das endgültige Aus bereitet hatten, hinderte 1803 den ersten württembergischen König, Friedrich I., nicht daran, den Hohenstaufen zu besuchen und sein Banner aufzupflanzen – eben in jener Zeit, als das Land zum Königreich aufgestiegen war und neue Landesteile dazuerhalten hatte, die integriert werden wollten. Johann Gottfried Pahl berichtet in seiner *Nationalchronik* darüber:

Ein hoher Obelisk, auf dessen Spitze das Reichsbanner wehte, verkündigte den umher liegenden Tälern, daß Friedrich das Andenken der frühern Friedriche feiere, die einst der Stolz der schwäbischen Nation waren, und denen Teutschland nicht nur Ansehen und Macht, sondern auch Aufklärung und Freiheit verdankte.

Um klarzustellen, wo das Land und wo die Schwaben stehen, hätte Pahl am liebsten jedem Deutschen oder »wenigstens jedem Schwaben« per Gesetz befohlen, zum Hohenstaufen zu wallfahrten:

des erstern, um ihn recht lebhaft daran zu erinnern, was einst seine Väter waren, und wie tief die Enkel gesunken sind, und des letzteren, um ihm die Rolle zu vergegenwärtigen, die dem Schwaben in den teutschen Angelegenheiten gebührt.

Den schlechten Zustand Deutschlands beklagt auch Justinus Kerner in seinem 1813 und damit in der Zeit der Befreiungskriege verfassten Gedicht *Hohenstaufen*. In der politischen Ödnis, die der Ödnis auf dem Hohenstaufen entspricht, träumt das lyrische Ich von den Lichtgestalten der Staufer und der großen Vergangenheit. Ein Jahr später veröffentlicht Kerner ein weiteres Staufer-Gedicht, *Sommerabend*. Im Untertitel trägt es die Zeile »Auf Kloster Lorch der Grabstätte des Hohenstauffischen Herzog- und Kaiserhauses«. In der fünften Strophe ist zu lesen:

Noch ragt der Fels vor allen,
Drauf einst der Helden Haus;
Ist auch ihr Leib zerfallen,
Die Treu hält ewig aus.
Drum stieg in Kampfes Tagen
Hier aus der Grüfte Nacht
Manch' alter Held, zu tragen
Das Siegspanier der Schlacht.

Kerner spannt hier einen Bogen von der Burg Hohenstaufen zu den Staufergräbern in Kloster Lorch. Wenn er Lorch als *die* »Grabstätte des Hohenstauffischen Herzog- und Kaiserhauses« bezeichnet, begeht er allerdings einen Fehler. Eine Grablege, in der die Staufer mehrheitlich begraben worden wären, hat es nie gegeben, ihre Mitglieder fanden an den unterschiedlichsten Orten des Abendlandes, vorzugsweise in Deutschland und Italien, ihre letzte Ruhe. In Lorch, so die Annahme der Forschung, liegen

Der Hohenstaufen, wie ihn Andreas Kieser um 1685 in seinem Forstlagerbuch festhielt. Die Burg war zu diesem Zeitpunkt seit 60 Jahren zerstört. Heute existiert auch dieser Anblick nicht mehr.

Nicht alles stammt aus der Stauferzeit, vieles ist Zutat aus dem 19. Jahrhundert. Trotzdem besitzt Kloster Lorch die Strahlkraft einer alten Stauferstätte.

etwa zwanzig Mitglieder der Familie begraben, darunter der Klostergründer Herzog Friedrich von Schwaben, nicht aber, wie oft behauptet, seine Gemahlin Agnes von Waiblingen. Die beiden haben zusammen mit ihren Söhnen Friedrich und Konrad im Jahr 1100 das Lorcher Benediktinerkloster St. Petrus als Hauskloster gegründet. Auch mehrere Kinder von Friedrich I. Barbarossa und schließlich Irene, die legendäre Gemahlin des jüngsten Barbarossa-Sohnes, König Philipps von Schwaben, liegen wohl hier.

Irene kam um 1180 als Tochter des byzantinischen Kaisers Isaak II. Angelos in Konstantinopel zur Welt. Zunächst mit Roger V., Herzog von Apulien und Mitherzog von Sizilien, verheiratet, wurde sie bald schon Witwe. Kaiser Heinrich II. nahm sie bei der Einnahme von Palermo gefangen und gab sie 1195 seinem Bruder Philipp von Schwaben zur Frau. 1208 wurde dieser in Bamberg ermordet, die hochschwangere und kranke Irene flüchtete sich auf den Hohenstaufen und starb kurz darauf bei der Geburt ihres siebten Kindes. Walter von der Vogelweide, der sich zeitweise am Hof König Philipps aufhielt und während des Thronstreits zwischen Philipp von

Schwaben und Otto von Wittelsbach für den Staufer Partei ergriff, bezeichnet Irene im sogenannten *Ersten Philippston* als Königin von hoher Geburt, die ihrem Gemahl hoheitsvoll folgt und eine Rose ohne Dorn, eine Taube ohne Galle sei. Der Archäologe und Schriftsteller Eduard Paulus gedenkt in *Linde zu Lorch* der Nacht, in der Irene zu Grabe getragen wurde:

Im Thor steht ein uralter Lindenbaum,
Mit weitem sturmzerzaustem Blätterkranze;
Oft, wenn er sich verklärt im Abendglanze,
Errauscht in ihm sein erster Jugendtraum:

»Mir ist, es waren wenig Jahre kaum,
Daß man mich eingesetzt als junge Pflanze,
Da traten oft zu mir zum Reigentanze
Die Hohenstaufen aus dem Klosterraum.

Doch eine Nacht kam, nie vergess' ich jene,
Es ward ein schwarzer Sarg getragen,
Darinnen lag die Kaiserin Irene,

Die starb in Schmerz, weil ihr der Mann erschlagen,
O welche Nacht, kein Aug' war ohne Thräne,
Der ganze Berg erscholl von Weheklagen.

Eine makellose Königstochter, die aus einem in mythischer Ferne liegenden Reich kommt und ihrem Gatten, der seinerseits aus einem sagenhaften Geschlecht stammt, bei der Geburt des

Gedenktafel aus dem Jahr 1898 für die byzantinische Kaisertochter Irene, die auf dem Hohenstaufen starb und in Lorch bestattet wurde.

Nachbildung des berühmten Rings, der 1830 unter einem Sarg gefunden und fälschlicherweise Irene zugeschrieben wurde.

gemeinsamen Kindes voller Kummer hinterherstirbt – das war Stoff, den romantische Seelen liebten und noch immer lieben. Irene avancierte zum Star unter den Staufern, die in Lorch bestattet wurden. 1830 wurde an der Südseite des Chors unter einem Sarg ein Ring gefunden, der die Christusinitialen IHS, die Symbole der Passion und eine Darstellung Marias mit dem Kind aufwies. Fälschlicherweise wurde er als Ring Irenes, die in Schwaben auch den Namen Maria trug, angesehen. Das Original ging im Zweiten Weltkrieg verloren, aber der »Irenen-Ring« wurde seit seinem Fund unzählige Male nachgebildet. Selbst heute noch ist er beliebt und wird vielfach noch immer Irene zugeschrieben, obwohl er wahrscheinlich einem Abt aus dem 15. Jahrhundert gehörte.

In eben jenem 15. Jahrhundert erinnerten die Mönche wieder verstärkt an ihre Stifterfamilie, die einst bei der Kurie in Rom in äußerste Ungnade gefallen und verfolgt worden war. 1457 wurden die Gräber geöffnet und die Gebeine der Verstorbenen in der repräsentativen Staufer-Tumba im Mittelschiff der Basilika zusammen bestattet. Auf dem umlaufenden Band der reliefierten Deckplatte ist in gotischer

Die Staufertumba aus dem Jahr 1457, die im Langhaus der romanischen Klosterkirche St. Petrus steht, mit Blick in den spätgotischen Chor. Das über der Tumba zu sehende Stauferbild stellt Friedrich II. dar.

Schrift zu lesen: »da gloriam deo Anno domini MCII iar ward diß / closter gestift Hie lit begraben herzog fridrich von swaben er und siin / kind disß closters stifter sind sin nach / komling ligent och hie bij got in allen gnadig sii gemacht im 1475«. Alljährlich am 2. September wurde von jetzt an in einem Gebetstag der Staufer gedacht. Auch in den 1511/12 entstandenen sogenannten Lorcher Chorbüchern, prachtvoll gestalteten Handschriften, von denen heute noch zwei Antiphonarien und ein Graduale erhalten sind, die in der Württembergischen Landesbibliothek verwahrt werden, gab es Hinweise auf die Gründer des Klosters, so wurde etwa das staufische Wappen darin abgebildet. Im Bauernkrieg erlebte Lorch ein ähnliches Schicksal wie die Burg Hohenstaufen, wurde aber nicht ganz so schlimm zerstört und schon 1530 wieder aufgebaut.

Im Zuge der Reformation wurde das Kloster vorübergehend in eine niedere Klosterschule umgewandelt, in der die jüngeren Schüler, die für die Pfarrer- oder Lehrerlaufbahn vorgesehen waren, unterrichtet wurden. Eine evangelische Klosterverwaltung wurde eingesetzt, die bis 1807 existierte, doch das Kloster samt all seinen Anwesen verfiel mehr und mehr. In einer Bestandsaufnahme aus dem Jahr 1786 hieß es von der Kirche: »Völlig im Abgang.« Kein Wunder, dass Friedrich Schillers Vater 1764 das unbedeutend gewordene und kostengünstigere Lorch zum Wohnort der Familie wählte, als er als Werbeoffizier nach Schwäbisch Gmünd versetzt wurde. Und als Eduard Mörike 1867 mit seiner Frau Margarethe und den beiden Töchtern eine ruhige und günstige Bleibe suchte, verschlug es sie ebenfalls hierher – ein Glück, denn abseits der umtriebigen Landeshauptstadt verlebten sie zwei schöne Jahre. In einem Brief schildert Mörike, wie die Kinder in der innen ausgehöhlten, »uralten Linde« vor dem Klostertor spielten, erwähnt aber nicht die Staufer, nach denen die angeblich 1000-jährige »Barbarossa-« oder »Hohenstaufen-Linde« – sie musste 1955 gefällt werden – benannt wurde. 1873 brachte Mörike, er lebte inzwischen von seiner Frau getrennt, nochmals einige Zeit in Lorch zu und schreibt am 18. September, dass er sich »bei einem Besuch auf dem Kloster in dem zugigen Refectorium, wo man alte Wandmalereien entdeckte, und oben in den offenen MönchsZellen eine starke Erkältung geholt u. daher ein dreitägiges Kopfweh«. Er hatte das Kloster noch im alten Zustand gesehen, den es so nicht mehr lange gab.

Je weiter das 19. Jahrhundert voranschritt, desto interessanter schienen die Staufer nicht nur den Schwaben zu werden, sondern den Deutschen in ihrer Gesamtheit. Das Stauferreich wurde zum Symbol für die ersehnte nationale Einheit, die glänzenden Herrscher des schwäbischen Geschlechts zum Vorbild für die regierenden Fürsten. Friedrich Theodor Vischer, der zu jener Zeit am Polytechnikum in Stuttgart Literaturwissenschaft und Ästhetik lehrte, veröffentlichte in der Sammlung *Lyrische Gänge* unter dem Kapitel »Der deutsche Krieg. 1870–71« ebenfalls ein Hohenstaufen-Gedicht:

Da steht er wieder, ernst und hoch und kahl!
Ein weißes Tuch umhüllet sein Gelände,
Der Wintersonne später, bleicher Strahl
Fällt auf die weichgeschwungnen Bergeswände.

Vom Westen kommt dieß geisterhafte Licht,
Weiß wie der Schnee, auf dem es wiederstrahlet;
Doch schau', wie sich das Weiß in's Rothe bricht!
Abhang und Gipfel scheint in Blut gemalet.

Ein Himmelszeichen! Heilig Opferblut
Krönt fernher scheinend deinen Scheitel wieder!
Ein Kaisermantel wallt in Purpurglut
Auf's Neue dir um deine Heldenglieder.

O herzdurchschauernd Bild! Ich glaub' es kaum!
Mein Auge thaut, ja fließet nur, ihr Thränen!
Ich darf's erleben! Wahrheit wird der Traum
Der Jünglingsseele, wird mein frühes Sehnen!

Nein, du mein deutsches Volk, du träumst nicht mehr
Von alter Herrlichkeit in kahler Blöße;
Wie kleidet er dich traurig schön und hehr,
Der blut'ge Festschmuck deiner neuen Größe!

Mit der Reichsgründung schien eine neue goldene Zeit anzubrechen, zumindest in den Augen derjenigen, die den Preußen nicht allzu negativ gegenüberstanden. Die Schwaben hatten den Vorteil, dass das neue Kaiserhaus die Wurzeln seines Geschlechts ebenfalls auf einem Zeugenberg der Schwäbischen Alb verortete, dem Hohenzollern. Dort wurde auf den Resten der zerstörten ersten und zweiten Burg ab 1850 eine dritte gebaut, die ganz dem zeitgenössischen Ideal einer Ritterburg entsprach. Auch für den Hohenstaufen, der zum deutschen Nationaldenkmal erhoben wurde, wünschten sich vor allem die Schwaben ein solches Unternehmen. Es gab mehrere Anläufe, die Burg wiederaufzubauen, letztlich scheiterte man aber schon in den Anfängen an den Kosten. Stattdessen hat der Kyffhäuser ein bombastisches Kaiser-Wilhelm-Nationaldenkmal erhalten, das signalisieren sollte: Barbarossa ist in Gestalt Kaiser Wilhelms I. bzw. Barbabiancas (»Weißbarts«) gekommen und hat das versprochene Werk der Reichsgründung vollendet. Auf dem Hohenstaufen wurden indessen Grabungen veranlasst, die die im Boden verborgenen Reste sicherten. Anstelle einer Burg wurde eine Schutzhütte des Schwäbischen Albvereins errichtet, die inzwischen einem Restaurant Platz machte. Am Fuß des Berges wurde 1977 ein Dokumentationsraum für die Geschichte der Staufer eingerichtet und 2009 neu gestaltet. Die sogenannte Barbarossa-Kirche St. Jakobus, die mangels Burg Ziel der Stauferverehrung wurde, hat übrigens nie einen alten Staufer in ihrem Kirchenraum gesehen, denn sie stammt aus dem 15. Jahrhundert. In Kloster Lorch dagegen setzten 1879 umfangreiche Restaurierungsmaßnahmen ein. So wurden beispielsweise Wände neu errichtet, andere ersetzt, gotische Fenster eingebaut, die Dächer umgestaltet und der Marsiliusturm um drei Stockwerke erhöht. Zwischen 1998 und 2002 hat der Maler Hans Kloss das farbenprächtige Stauferrundbild im Kapitelsaal geschaffen, auf dem rund 250 Jahre Geschichte der Staufer dargestellt werden.

Es konnte nicht ausbleiben, dass die legendären Staufer und damit auch Kloster Lorch und der Hohenstaufen von den Nationalsozialisten vereinnahmt wurden. Im Kloster war geplant, eine Staufergedenkstätte und »nationalsozialistische Feierstätte« einzurichten, was aber nicht umgesetzt wurde. Der Hohenstaufen wurde Ort unzähliger verherrlichender Stauferfeiern, mit denen sich die Nationalsozialisten in die Tradition des großen Geschlechts stellen wollten. Inzwischen ist die Geschichte der Staufer nicht mehr der Besuchermagnet Nummer 1 für die beiden Gedenkstätten. Lorch ist für die heutigen Gäste vor allem als ehemaliges Kloster anziehend, der Hohenstaufen als fantastischer Aussichtspunkt. Ein Aussichtspunkt, der laut Wilhelm Hausenstein zu Höhenflügen einlädt – nicht nur, aber auch jene Schwaben mit dem Vornamen Friedrich, womit der Bogen zu Friedrich Schiller und seinen berühmten Vornamenskollegen gespannt ist:

Nach Westen, gegen Abend stürzt der Berg steil ab. Er stürzt in den feurigen Glanz der untergehenden Sonne, die einen scharlachroten Brand entzündet und mitten in diesem schwäbischen Land zu gefährlichen Phantasien verführt. Die Täler sind grüngolden und violett; über den Äckern liegt ein stilles, berückendes Lila. Föhnwind geht heftig: lau und wild. Wie konnte es den Herren hier oben zumute sein? […] Hier oben ruht man nicht; hier oben will der Sinn, das Herz des Menschen fliegen – bis dorthin fliegen, wo allem Menschlichen die Grenze gesetzt ist. Diese Landschaft, diese Höhe, diese Sicht: es war nicht anders möglich, als daß hier in Köpfen und Herzen mit schwäbischer Phantasie – und welcher rechter Schwabe hätte nicht etwas an sich von der Flügelspannung eines Schiller oder Hegel – der dichterische Schöpfergedanke an ein Weltreich entstand.

Faust-Orte

Wo der große Alchemist war oder auch nicht

Ausschnitt aus dem Faust-Denkmal vor dem Knittlinger Rathaus. Die überlebensgroße Statue gestaltete die Stuttgarter Bildhauerin Hanne Schorp-Pflumm.

Mythisch, mystisch, magisch, einer der Großen der Literatur, der Musik, der bildenden und darstellenden Künste, wenn auch nicht als Erschaffender, sondern als Erschaffener, das ist Faust. Generationen faszinierte und fasziniert die zwielichtige Gestalt. Den einen gilt er als Scharlatan, Zauberer, erfolgloser Alchemist, der dem Volk ebenso zur Warnung dient wie zur Belustigung. Den anderen ist er der ewig suchende, innerlich zerrissene Machtmensch, der das Bündnis mit Gott in Frage stellt und sich dem Teufel zuwendet. Seinen Aufstieg als Kunstfigur erlebte Faust im sogenannten »Volksbuch«, der 1587 von Johann Spies in Frankfurt am Main veröffentlichten *Historia von D. Johann Fausten*. Zwei Jahre später dramatisierte der Engländer Christopher Marlowe das »Volksbuch« für seine Landsleute, doch schon bald kam der Stoff von der Insel zurück auf die deutschen Bühnen. Hier wurde der Schwarzmagier vorzugsweise als Witzfigur dargestellt, bis ihn im 18. Jahrhundert die Aufklärer entdeckten. Faust stieg nun zu jener tragischen Figur auf, die unermündlich nach Erkenntnis strebt, mittels Wissen Macht gewinnen will, das Bündnis mit Gott skeptisch in Frage stellt und stattdessen mit dem Teufel kooperiert. 1808 schließlich erscheint Goethes *Faust. Der Tragödie erster Teil* und mit ihm das bis heute berühmteste literarische Werk zu Faust, auch wenn gerade im 19. Jahrhundert noch viele folgen sollten.

Faust, wie wir ihn aus der Kunst kennen, war und ist eine fiktive Gestalt, auch wenn es einen historischen Kern gibt. Doch von diesem historischen Faust, der unter dem Namen Johann Georg Faust von etwa 1480 bis 1540 gelebt haben muss, ist herzlich wenig bekannt. Nur neun zeitgenössische biografische Zeugnisse existieren. Aus ihnen wissen wir, dass sein Ruf alles andere als gut, sein Auftreten alles andere als bescheiden war. Er tauchte als Hellseher, Heiler, Horoskopsteller und Schwarzkünstler an verschiedenen, vorwiegend süddeutschen Orten auf. In dieser Liste fehlen jedoch die Namen Knittlingen ❸ und Maulbronn ❹, obwohl sie gern als Fausts Geburts- beziehungsweise Todesort genannt werden und als solche die Menschen besonders anziehen.

Erinnerungstafeln aus verschiedenen Jahrhunderten am vermuteten Geburtshaus von Faust. Das Gebäude wird bald der Öffentlichkeit zugänglich sein.

Knittlingen und Maulbronn liegen nur wenige Kilometer voneinander entfernt, man kann in einer guten Stunde von einem zum anderen Ort wandern. Gut möglich, dass Faust das des Öfteren tat, doch wir wissen es nicht. Das Einzige, was wir wissen, ist, dass Knittlingen im Rennen um das Recht, sich als seine Geburtsstadt zu bezeichnen, vorne liegt, den endgültigen Beweis aber bisher keiner erbringen konnte. Die Argumentation stützt sich auf mehrere Indizien, allen voran auf die Behauptung von Johann Manlius, dass sein drei Jahre zuvor verstorbener Lehrer Melanchthon gesagt habe: »Ich habe einen gekennet / mit Namen Faustus von Kundling (ist ein kleines stettlein / nicht weit von meinem Vaterland)«. Melanchthon stammte aus Bretten und damit aus der Nachbarschaft zu Knittlingen, das urkundlich erstmals als »Cnudelingen« erwähnt wurde. Aus Vorlesungs-Mitschriften weiterer Schüler geht hervor, dass Melanchthon in Wittenberg mehrmals einen gewissen Faust erwähnt hat und dieser typische Züge des dämonischen Aufschneiders trug, als der er in den anderen Zeugnissen erscheint. 1934 dann beglaubigte der Knittlinger Bürgermeister Friedrich Lehner die Bleistiftabschrift einer Urkunde, die eben gefunden worden war. Es handelte sich um einen Kaufbrief aus dem Jahr 1542, in dem vom eindeutig neben der Kirche lokalisierbaren Haus eines gewissen Jörg Gerlach die Rede ist, »allwo Fausten born«. Leider ging das Original am Ende des Zweiten Weltkriegs durch eine Bombe in Flammen auf. Auch sonst sind keine eindeutigen schriftlichen Dokumente erhalten, da Knittlingen im 17. Jahrhundert zweimal bei kriegerischen Auseinandersetzungen völlig verwüstet wurde. 1837 schon war in der Scheune neben dem vermuteten Geburtshaus ein im Boden vergrabener, durch eine Fettschicht konservierter ungewöhnlicher Wandschrank gefunden worden. Der Holzschrank in Form eines Pentagramms weist Intarsien auf, wie sie aus der Alchemie bekannt sind. Zwar konnte bisher keine dendrochronologische Untersuchung gemacht werden, um das genaue Alter zu bestimmen, aber der Verdacht eines Zusammenhangs mit dem ominösen Faust wird dadurch erheblich genährt. Heute wird der Schrank ebenso in der Dauerausstellung des Knittlinger Faust-Museums gezeigt wie ein Zettel, der als weiteres Indiz gilt. Auf dem Pergamentstück, das aus der Renaissance stammt, wurde neben alchemistischen Zeichen ein alter Abwehrzauber festgehalten, wie er vor Ort nicht unbedingt üblich war. Gefunden wurde er in einem Türstock aus Hartholz, der sich in der ersten Etage des vermeintlichen Geburtshauses befand. Vor Kurzem wurde dieses von der Stadt Knittlingen angekauft, nun wird es behutsam renoviert, um dann dem Publikum zur Verfügung gestellt zu werden. Unmittelbar daneben befindet sich in der ehemaligen Lateinschule das Faust-Archiv, in dem eine Bibliothek und mehrere beeindruckende Sammlungen zu Faust untergebracht sind. Das Faust-Museum wurde

Fundstück im Faust-Haus – ein ungewöhnlicher »Giftschrank« aus Nussbaumholz, von dem angenommen wird, dass er aus Fausts Besitz stammt.

Im Alten Rathaus von Knittlingen ist seit 1980 das Faust-Museum untergebracht. Die umfassende Dokumentation widmet sich dem historischen Faust ebenso wie dem Mythos Faust und reicht bis in unsere Gegenwart.

1980 im Alten Rathaus eingerichtet, es beleuchtet den Faust-Mythos aus verschiedenen Blickwinkeln und über die Jahrhunderte seit Fausts Existenz hinweg. Würde Dr. Cornelius Heidelob, der Protagonist des Romans *Der Hexenturm* von Max Dürr (1929), heute nach Knittlingen kommen, würde er dank der Gedenkstätten sicher nicht so enttäuscht von dannen ziehen wie zu seiner Zeit:

O, Knittlingen, warum hast du mir das angetan, daß ich dich sehen mußte!

Selbst der weihevolle Gedanke, daß hier die Wiege des hochberühmten Magiers Doktor Faustus gestanden sein soll, vermag mir schlechten Trost zu bieten, denn vergebens spähe ich umher, dieses nützliche, ehrwürdige Hausgerät aufzufinden.

Vielleicht gelingt es einmal einem, der nach mir kommt, der glücklicher ist im Finden!

O Fauste, wer vermöchte dir übel zu nehmen, wenn du dich der Schwarzkunst ergeben hast, deiner Phantasie bessere Nahrung zu schaffen, als diese deine Geburtsstadt dir jemals zu bieten vermocht hätte!

Wobei wir nicht wissen, ob Cornelius Heidelob von seinem Erfinder heute mit positiverer Stimmung gegenüber Knittlingen gezeichnet worden wäre, denn der war Amtsrichter in Maulbronn, weshalb eine augenzwinkernde Konkurrenzsituation nicht auszuschließen ist. Das gilt umgekehrt auch für Knittlingen, wo laut Günther Mahal, dem ehemaligen Leiter des Knittlinger Faust-Museums und -Archivs sowie beschlagenen Faust-Forscher, gern eine Geschichte erzählt wird, deren Ursprung nicht mehr festzustellen ist. Nach dieser sei Faust des Öfteren über einen Geheimgang aus dem Kloster Maulbronn entwischt, weil ihm dort der Wein zu sauer gewesen sei und ihm der heimische besser gemundet habe. Viktor von Scheffel hätte dem möglicherweise entschieden widersprochen. In der Vorhalle zur Klosterkirche, dem »Paradies«, war früher ein Deckengemälde zu sehen, auf dem die berühmte Maulbronner Fuge abgebildet war. Dieses inspirierte Schef-

Im Zisterzienserkloster Maulbronn soll Faust seine Alchemisten-Künste erprobt haben, um dem baufreudigen Abt Entenfuß mit Gold aus der Geldnot zu helfen.

fel um 1860 zu seiner Version der Fuge. Im Vorspann heißt es:

Wem das Kloster Maulbronn bekandt, der hats können mit seinen Augen sehen, wie in dem Vorhoff selbiger schönen erbauten Kirchen oben im Schwibbogen unter anderen Gemälden auch eine Gans abgemalt steht, an welcher eine Fläsch, Bratwürst, Bratspiß und dergleichen hangen, neben einer zur nassen Andacht gar wohl componirten Fuga folgenden Tenors mit ihrem unterlegten Text, gleichwohl nur den initialibus literis A. V. K. L. W. H.

Das »A. V. K. L. W. H.« wird dabei aufgelöst in »All voll, keiner [passender eigentlich: Kanne] leer, Wein her«. In dem folgenden Lied veranstalten die Maulbronner Mönche ein Martinsgansessen, an dem auch Faust teilnimmt.

Der Abt Johannes Entenfuß
Kam unwirsch hergewatschelt:
»Was wird so spät als Festtagsschluß
Beim Geigenschall gefratschelt?
Laßt ab, Ihr stört den Doctor Faust
Im Gartenthurm dahinten;
Wenn solch ein Singsang zu ihm braust,
Kann er kein Gold nicht finden:
A. V. K. L. W. H.
Cavete scandala!«

Derweilen bracht der Zellerar,
Herr Godefrit von Niefern,
Den Sanct Martinuszuspitz dar
Vom Keller mit den Küfern.
Der rief: »Herr Abbas, was Ihr sagt,
Soll man in Züchten ehren,
Doch wenn kein andrer Schmerz Euch plagt,
So mögt Ihr uns nicht wehren:
A. V. K. L. W. H.
Der Faust sitzt selbst schon da!«

Der Faust saß rückwärts an der Wand
Und trank vergnügt im Dunkeln,
Nun ließ der blasse Nekromant
Sein Glas am Licht carfunkeln
Und sprach: »Ich brüt' schon Tag und Jahr
Am schwarzen Zauberbuche
Und merk' erst heut, ich bin ein Narr,
Daß ich das Gold dort suche;
A. V. K. L. W. H.
Das echte Gold ist da!«

Der klug gewordene Faust preist dem Abt den berühmten Eilfinger Wein des Klosters als das wahre Gold, das man noch nicht einmal durch schwarze Magie gewinnen müsse.

Da lacht der Abt: »Mit solcher Lehr
Zwingt Ihr auch mich zum Kruge,
Denn All Voll, Keiner Leer, Wein Her
Ist eine feuchte Fuge.
Als Fausti Goldspruch laß ich sie
Jetzt in den Kreuzgang malen,
Man kennt die ganze Melodie
Schon an den Initialen:
A. V. K. L. W. H.
Sit vino gloria!«

Scheffels Trinklied deutet schon an, warum sich Faust in Maulbronn her-

Nach Scheffels Fuge könnte Faust im Herrenrefektorium, dem Speisesaal der Mönche, das echte Gold des Klosters entdeckt haben.

umgetrieben haben könnte. Er sollte angeblich die ersehnte Formel für Gold suchen, dazu beauftragt von Abt Entenfuß. Davon weiß auch der Weinsberger Dichterarzt Justinus Kerner in seinen autobiografischen Aufzeichnungen *Bilderbuch aus meiner Knabenzeit* (1849) zu erzählen.

In einer Ecke des Gartens, der hinter der Prälatur und den Kreuzgängen lag, war an die Klostermauer ein Thurm angebaut, den man den Fauststhurm hieß; denn er diente einst dem berühmten Dr. Faust zum Laboratorium und Aufenthaltsorte.

Der Abt Johannes Entenfuß war ein besonderer Freund Fausts und räumte ihm bei Besuchen diesen Thurm zur Wohnung ein; daß war im Jahr 1516.

Entenfuß und Faust waren in dem nahen Städtchen Knittlingen geboren.

Kerner führt Melanchthon als Zeugen an und erzählt dabei auch vom unrühmlichen Ende Fausts:

Vor wenigen Jahren saß dieser Johannes Faust Abends gar traurig in einem Dorfe. Der Wirth fragte ihn: warum er gegen seine sonstige Art und Weise so traurig sei. Er sagte: Laß' dich heute Nacht nicht erschrecken. Um Mitternacht nun bekam das Haus einen Stoß. Als morgens Faust nicht aufstand und es fast schon Mittag war, ging der Wirth in sein Zimmer und fand ihn neben dem Bette auf dem Gesichte liegen; und so hatte ihn der Teufel getödtet. Er hatte, so lange er lebte, einen Hund bei sich, welcher ein Teufel war.

Wo das schauerliche Geschehen stattgefunden haben soll, erfahren die Leser und Leserinnen nicht:

Es ist schade, daß Melanchthon das Dorf nicht benannte, in dem Faust sein tragisches Ende gefunden haben soll. Zu Maulbronn sagte man nicht anders, als daß ihn der Teufel auch in jenem Thurme seines Freundes, des Abts Johannes Entenfuß, geholt habe.

Während in Knittlingen nach Fausts Geburtsort gefahndet wird und wurde, galt und gilt das nahe Kloster Maulbronn gern als sein Wirkungs- und Sterbeort. Dass ein Knittlinger, der ein begnadeter Autodidakt gewesen sein muss und offenbar viel im Land unterwegs war, öfter nach Maulbronn wanderte, um vielleicht Gesprächsgenossen zu finden, die sich auf seinem intellektuellen Niveau befanden, kann man sich gut vorstellen, zu belegen ist es aber bisher nicht. Ebenso wenig kann man beweisen, dass Faust von Abt Entenfuß, der im Übrigen nicht aus Knittlingen, sondern Unteröwisheim stammte, zum Goldmachen angeheuert wurde. Die Zeit – Entenfuß war von 1512 bis 1518 Abt in Maulbronn – würde allerdings passen, die räumliche Nähe auch, sogar die Umstände sprechen nicht dagegen. Abt Johann VIII. En-

Kapellenfenster im südlichen Seitenschiff der Klosterkirche. Ob Faust je hier wandelte oder gar einen Blick aus dem Fenster warf, bleibt Spekulation.

tenfuß wurde als der große »Verschönerer« des Klosters bekannt; seiner regen Bautätigkeit verdankt es einige der beeindruckendsten Bauten. Was heute den Status eines UNESCO-Weltkulturerbes einbringt, strapazierte damals aber aufs Äußerste den Geldbeutel der Mönche, die als Zisterzienser ohnedies zu Bescheidenheit angehalten waren. Die Folge war, dass

Gelehrter in seinem Studierzimmer, Radierung von Rembrandt um 1550 (Rijksmuseum Amsterdam). So könnte es in Fausts Gelehrtenstube ausgesehen haben.

Entenfuß wegen Verschwendungssucht abgesetzt und zum einfachen Mönch degradiert wurde. Man kann sich gut vorstellen, dass der arg bedrängte Abt gern einen Doktor Faust zum Goldmachen engagiert hätte, ein Zeugnis dafür gibt es dennoch nicht.

Das schauerliche Ableben des Alchemisten durch des Teufels Hand oder Hund in Maulbronn muss ebenfalls ins Reich der Phantasie verwiesen werden, was nicht wirklich verwundert. Da hilft es auch nicht, dass man nach dem Prinzip »doppelt genäht hält besser« verfuhr, den rohen Mordakt gleich an zwei Stellen verortete und dem Teufel somit eine logistische Meisterleistung andichtete. Rotbraune Flecken an den Wänden wurden als Beweise herangezogen, doch längst weiß man, dass solche »Blutflecken« banale Rostflecken sind, zurückzuführen auf oxidiertes Eisen in verwittertem Gestein. Für das Labor glaubte man drei Stellen ausfindig gemacht zu haben: den Faustturm, die Faust-Küche und das Faust-Loch. Der Schriftsteller, Übersetzer und Bibliothekar Hermann Kurz berichtet in seinen *Jugenderinnerungen* (1874) von Alchemist und Abt. Bei einer nächtlichen Klettertour entdecken er und seine Freunde ein Gelass zwischen Dorment und Kirche, das sie aufgrund eines jener berüchtigten braunen Flecken als »Faustianum« zu identifizieren glauben.

Daß wir uns in unserem Kloster auf klassischem Boden der Faustsage befanden, hatte uns die dort fortlebende Überlieferung längst gesagt. […]

Dieses Teufelholen scheint beiläufig, in Betracht der Oertlichkeit, nicht so einfach gewesen zu sein, wie man vielleicht im täglichen Handel und Wandel meint: denn abgesehen von den anatomischen Weitläufigkeiten, die es der Sage nach den Teufel kostete, bis er dem Doktor seine arme Seele ausgerupft hatte, wie muß er sich nur abgearbeitet haben, ihn durch die enge Fensterlucke hindurchzubringen, um ihn, was doch vermuthlich im Kloster nicht erlaubt war, in den Lüften herumzuwirbeln und zu zerreißen. Die Gelehrten des sechzehnten Jahrhunderts müssen sehr mager gewesen sein: ein Marder von nur einigermaßen günstiger Lebensstellung fände wohl den Ausgang zu schmal. Auch muß ihn der Kopf gehindert haben, da er sich, sowohl nach der Sage als nach dem Augenschein, bemüßigt fand, denselben vorher an der Wand zu zerschmettern. Von dieser Maßregel nämlich rührt der dunkle Flecken her, welcher, ebenfalls der Ueberlieferung zufolge, sich unvertilgbar bis auf den heutigen Tag erhalten hat.

Das Wahrzeichen schlug jeden Zweifel nieder: wir standen in Doktor Fausti Gemach!

Die kleine Zelle ist leer, weist aber in der Mitte ein Loch auf, das sofort untersucht wird.

Eine Weile hatte unser Forscher seiner Untersuchung obgelegen, da sprang er plötzlich auf, holte tief Athem und beobachtete ein räthselhaftes Stillschweigen. Neugierig kauerte ein anderer nieder, stieß aber bald einen Schrei aus und fuhr mit Entsetzen auf. »Todtenköpfe!« rief er: »ein ganzer Haufen gebleichter Tod-

tenköpfe liegt da unten!« Einer um den Andern drängte sich jetzt herzu und jeder sah die Todtenköpfe. [...]

Als er zurück war, wurde mit zitternder Ungeduld Licht gemacht und die Laterne in den geheimnißvollen Schlund hinabgelassen. Anfangs beleuchtete sie einen Mantel von schönen Quadern, dann schwebte sie in der unendlichen Nacht, unkenntliche Mitteldinge zwischen Sein und Nichts tauchten in ihrem flackernden Schimmer auf, endlich erreichte sie den Grund und blieb unbefangen auf dem Hügel stehen, den wir für einen Haufen Todtenköpfe gehalten hatten, und der sich jetzt, durch das Licht der Wahrheit auf natürliche Gestalt und richtiges Maß des Daseins zurückgeführt, in ein Lager von frischen, kerngesunden Krauthäuptern verwandelte.

Im Licht der Wahrheit bleibt also von dem ganzen Maulbronner Faust-Spuk nicht mehr viel übrig. Vielleicht war er ja nicht zuletzt auf Geschichten zurückzuführen, wie Kurz sie erzählte – Geschichten von Schülerabenteuern und Schülerfantasien. Maulbronn war 1505 von Herzog Ulrich von Württemberg eingenommen und seiner Schutzherrschaft unterstellt worden. Sein Sohn Herzog Christoph hatte 1556 eine Schule eingerichtet, in der der evangelische Pfarrnachwuchs seines Landes herangezogen werden sollte. Abgesehen von einigen Unterbrechungen und Modifikationen hat diese bis heute Bestand. Die württembergischen Klosterschulen waren prägend für das kulturelle und geistliche Leben des Landes. Die typische »schwäbische« Karriere war bis ins 20. Jahrhundert hinein kaum ohne Klosterschule und anschließendes Studium im Tübinger Stift zu denken. Gerade Maulbronn wurde von vielen der schwäbischen Geistesgrößen besucht, darunter Friedrich Hölderlin und Hermann Hesse. Die Jungen waren, wie man an Hermann Kurz und seinen Freunden sieht, mit Phantasie und Abenteuerlust begabt, die geheimnisvolle und schaurige Gestalt samt Teufel und Tod, die sowieso schon in der Kunst ihren Niederschlag gefunden hatte, muss ihre Vorstellungskraft mächtig befeuert haben. Der Schriftsteller und Anthroposoph Emil Bock machte sich 1929 in *Vorboten des Geistes* seine Gedanken dazu:

Im Garten des Klosters zu Maulbronn steht ein stilles, aber ausdrucksvolles Wahrzeichen für den Ursprung der schwäbischen Geistesgeschichte: Der Turm, in dem Dr. Johannes Faust, auch ein Schwabe, gewohnt hat. Oft mag der junge Hölderlin oder der junge Kerner oder einer von den anderen Schwabensöhnen, die in Maulbronn einen Teil ihrer Jugend verlebt haben, voll Schauer vor dem Turm gestanden haben, sich die Gestalt des Geistes vorstellend, der alle Tiefen und Weiten zu durchmessen trachtete.

Jede Landschaft hat ihre Symbole und Gestalten. Der Faustturm in Maulbronn

Sollte sich Faust je im sogenannten Faustturm aufgehalten haben, dann sicher nicht in dem erst nach seiner Zeit hinzugefügten Fachwerkaufsatz.

ist für Schwaben, was z. B. für die Freie Hansestadt Bremen der steinerne Roland am Rathaus ist. Erinnerung und Zeichen großer Geistesvergangenheit.

Den Maulbronner Faustturm in seiner Bedeutung und Erinnerungsfunktion mit dem Bremer Roland gleichzusetzen ist etwas vermessen, das würde dann doch eher für den Tübinger Hölderlinturm oder das Stuttgarter Schiller-Denkmal gelten, dennoch geht von ihm unbestritten eine Faszination aus. Dabei hat es den Fachwerkaufsatz, dem man sich gern als Laboratorium mit dampfenden Glaskolben, über offenem Feuer brodelnden grünen, roten und blauen Flüssigkeiten und sonstigen Giftküchenutensilien vorstellen würde, zu Fausts Zeit noch gar nicht gegeben. Der ehemalige Turm der Befestigungsanlage hat den Aufsatz erst 1604 erhalten, worauf er vom Verteidigungs- und Beobachtungspunkt zum Lustturm mutierte, abgeschieden vom Kloster, am Ende des Herrenkirchhofs liegend und vermutlich zu Erkundungen anderer Art genutzt. Was in seinen Mauern vor sich ging, war geheimnisumwittert, dabei aber möglicherweise äußerst prosaisch, zumindest im aufgeklärten 20. Jahrhundert, als Lisa Tetzner, die laut Hesse »wohl beste Märchenerzählerin Deutschlands«, 1919 nach Maulbronn kam:

Dann ist da das »Luisle vom Seminar«, lebhaft und phantasievoll. Wenn es nach ihr ginge, müßten mir die Maulbronner gleich den ganzen Faustturm schenken, daß er auf seine alten Tage noch ein Märchenturm werde. Auch könnte mir die Eule nachts Märchen erzählen. Hier soll den Doktor Faust der Teufel geholt haben. Ein riesengroßes schönes Zimmer mit fünf bunten Butzenscheiben blickt über die Baumwipfel nach dem Kloster herüber. Ratten und Fledermäuse sind hier zu Hause, und in dem alten Nußbaum haust die Eule. Es hat schon gar mancher versucht, da oben zu wohnen, und ist ihm nicht gelungen. Der Meister Scheffel wollte seinen Ekkehard da oben beenden, aber die Klosterfrauen fanden es wichtiger, ihre Wäsche in dem Gemach zu trocknen. Der Hans-Heinrich Ehrler habe es auch versucht. Mir wäre es auf die Bitten der Kinder hin beinahe geglückt, und ich bin sehr stolz darauf, doch das ehrwürdige Seminaroberhaupt fürchtete, nun käme ein ganzes Regiment von Malern, Künstlern und ähnlichen fahrenden Leut' und machte von demselben Recht Gebrauch.

Der Faustturm als Märchenturm – so weit hergeholt erscheint das nicht, bedenkt man die Geschichten, die sich um das Kloster, den Turm und Faust spinnen. Was Letzteren betrifft, so mag man es wie Hermann Kurz halten, der vom Blutfleck schrieb, dass »er entweder vom Doktor Faustus herrühre oder nicht« – man mag an ihn glauben oder auch nicht, Knittlingen und Maulbronn werden auf alle Fälle mythische Orte der Literatur bleiben. Und wo ist Faust nun gestorben? Manches spricht dafür, dass er in Staufen im Breisgau sein Ende fand, vermutlich als Opfer seiner eigenen Experimente mit einem lauten Knall.

Freistatt mit Freiheitsentzug für Freigeister

Einst dienten ihre Mauern dazu, Unbefugte nicht hineinzulassen, und später, um Menschen ohne Befugnis nicht herauszulassen – so könnte eine kurze Umschreibung der Festung Hohenasperg 5 in einem Quiz lauten. Gern wird der nur 90 Meter hohe Zeugenberg, auf dessen Plateau sie liegt, im Volksmund auch als höchster Berg des Landes bezeichnet, denn man komme zwar in fünf Minuten hinauf, brauche aber unter Umständen viele Jahre, um

Der Hohenasperg mit seinem ausladenden Plateau war schon bei den Kelten beliebt. 819 zum ersten Mal urkundlich erwähnt, weist die trutzige Festung eine jahrhundertelange Gefängnistradition auf.

wieder nach unten zu gelangen. Der weithin sichtbare, nordöstlich von Ludwigsburg gelegene Asperg mit seiner Festung, die vorzugsweise als Gefängnis diente und heute unter anderem das Justizvollzugskrankenhaus und die Sozialtherapeutische Anstalt Baden-Württemberg beherbergt, ist kein zauberhafter, aber ein mythischer Dichterort. Manch unbequemer Literat saß dort oben ein, und für jeden von ihnen steht ein Name synonym: Christian Friedrich Daniel Schubart.

Es kommt heftiger Ironie gleich, dass der Ort, der seit Jahrhunderten dazu dient, den Menschen – gerechtfertigt oder nicht – die Freiheit zu nehmen, nicht nur einen weiten Blick über seine wunderschöne Umgebung erlaubt, sondern einst auch eine sogenannte Freistatt war. Wie in einer Urkunde aus dem Jahr 1450 zu lesen ist, war jeder, der in die Stadt oder Mark Asperg floh, ein ganzes Jahr vor seinen Verfolgern in Sicherheit. Damals befand sich die Stadt noch oben auf dem Plateau, erst mit der Errichtung der Festung zog sie an den Fuß des Berges um. Eine Erhöhung wie der Hohenasperg bot nicht nur vor Verfolgern, sondern generell Sicherheit und Schutz.

Die Meister des Eisens, die Erfinder der Töpferscheibe und des Weinfasses, die als unregierbare Haudegen verschrienen Kelten, hatten das vermutlich schnell erkannt. Zahlreiche Funde von Prunkgräbern in der Gegend lassen darauf schließen, dass sich auf dem Plateau ein keltischer Fürstensitz befand, der den Bewohnern der umgebenden Siedlungen als Zufluchtsort dienen konnte. Um 400 vor Christus wurde der Asperg von den Kelten aufgegeben, es scheint still um ihn geworden zu sein. Erst um 500 nach Christus, die Franken hatten eben über die Alemannen gesiegt, wurde der »Ascisberg«, wie er nun nachweislich hieß, vermutlich fränkischer Herrensitz und Thingstätte. Die erste urkundliche Erwähnung von Asperg fällt in das Jahr 819.

Die ursprüngliche Anlage und die 1535 ausgebaute Landesfestung wurden, wie sollte es anders sein, immer wieder belagert. So etwa 1519 durch die Truppen des Schwäbischen Bundes, weil sich der verhasste Herzog Ulrich von Württemberg dort aufhielt; im Dreißigjährigen Krieg, wo württembergische zusammen mit schwedischen Truppen letztlich erfolglos den kaiserlichen Truppen zu trotzen versuchten, und während des Pfälzischen Erbfolgekriegs, als französische Soldaten den Berg besetzten. Ab 1744 wurde die Festung als Garnison und Staatsgefängnis genutzt. Ein Gefängnis muss es auf dem Asperg jedoch schon früher gegeben haben, denn es ist bekannt, dass Hartmann I. von Grüningen, der aus dem Hause Württemberg stammte, 1280 als politischer Gefangener auf dem Hohenasperg verstarb.

Vermutlich war es Graf Hartmann bei seiner Ankunft nicht recht viel anders ergangen als knapp 500 Jahre spä-

Auf dem Weg durch das Löwentor hoch zu den Gebäuden können selbst Besucher, die in Freiheit leben, Schubarts Schaudern bei der Ankunft nachvollziehen.

ter dem Dichter und Musiker Christian Friedrich Daniel Schubart, der 1777 auf die Festung verbracht wurde: »Schauer fuhr durch mein Gebein, als sich der Asperg vor mir aus seinem blauen Schleier enthüllte. ›Was wird dich dort erwarten?‹ – so dachte ich, als der Wagen bereits vor der Festung stille hielt.« Dass das alles nichts Gutes zu bedeuten hatte, war Schubart sehr wohl bewusst, denn schon lange war er beim Herzog Carl Eugen und zahlreichen Würdenträgern in Ungnade gefallen. Dabei hatte alles recht vielversprechend angefangen.

1739 in Obersontheim geboren, war Schubart nach abgebrochenem Theologiestudium zunächst Lehrer in Geislingen an der Steige gewesen. Auf Vermittlung seines Mentors Balthasar Haug, Schriftsteller und einflussreicher Theologe, war der virtuose Musiker 1769 als Organist und Musikdirektor an die Ludwigsburger Stadtkirche gekommen. Schnell konnte er in Hofkreise vordringen, hin und wieder im Hoforchester mitspielen und adeligen Damen Klavierunterricht erteilen. Allerdings nahm er kein Blatt vor den Mund und geißelte die Verhältnisse am Hof aufs Schärfste. Franziska von Leutrum, herzogliche Favoritin und spätere Ehefrau sowie Schubarts Klavierschülerin, verhöhnte er öffentlich als »Donna Schmergalina« und »Pompadour«; seinen Vorgesetzten Georg Sebastian Zilling stieß er ein ums andere Mal vor den Kopf. Der Dekan und sein Musikdirektor waren wie Feuer und Wasser, der eine ein spröder und gestrenger Verfechter des Wortes Gottes, der andere ein Anarchist und Freigeist, der in besonderem Maße Wein und Weib zugetan war. Zilling bewirkte schließlich Schubarts Kirchenausschluss. Dieser konnte sich noch eine Weile halten, aber im März 1773 warf man ihn für fünf Tage ins Stadtgefängnis, auf eine Pritsche, auf der kurz vorher ein Mörder gelegen war, dessen Hinrichtung Schubart noch beigewohnt hatte. Es blieb nicht bei der kurzen Einkerkerung: Am 21. Mai wurde Schubart in der Oberamtei das »Consilium abeundi« mitgeteilt. Man verurteilte seinen Lebenswandel, enthob ihn seines Amtes und verwies ihn des Landes. Nach Aufenthalten in Heilbronn, Mannheim, Heidelberg, Schwetzingen, München

Der Rebell Christian Friedrich Daniel Schubart gehörte zu den schärfsten Kritikern seines Landesherren und erntete dafür 10 Jahre Festungshaft.

und Augsburg ließ er sich schließlich 1775 in Ulm nieder.

Schon im Jahr zuvor hatte Schubart in Augsburg die *Deutsche Chronik* begründet, ein Periodikum, das Neuheiten aus allen Sparten – Politik, Wissenschaften, Literatur, Musik – zum Thema hatte. Die *Chronik* wurde zum eigentlichen Lebenswerk Schubarts – und zum erneuten Verhängnis. Zu sehr wetterte er darin gegen die Obrigkeit im Allgemeinen und Herzog Carl Eugen im Besonderen, in Ulm schien er ja vor der Rache der Württemberger sicher zu sein. Doch Anfang 1777 wurde er nach Blaubeuren und damit auf württembergisches Territorium gelockt und auf Befehl Carl Eugens verhaftet. Ohne Begründung und Prozess – bis heute ist man auf Vermutungen angewiesen – setzte man ihn zu einer Art Besserungskur auf dem Hohenasperg fest. Für Schubart brach eine Welt zusammen:

Selbst heute noch schwer befestigt – der Schubart-Turm, in dem der Dichter das erste Jahr seiner Haft unter äußerst üblen Bedingungen zubringen musste.

Hier in dieser Schauergrotte, in diesem Jammergeklüfte sollte ich 377 Tage Leben verächzen! – Die Mandarins sagen: Es gibt nur eine Hölle – das Gefängnis. – Diese Hölle schlug nun ihre Flügel über mir zusammen; hüllte mich ein in ihre schreckliche Nacht und geißelte mich mit ihren Flammen! […]

Als die Betäubung mit ihrem eisernen Arm von mir abließ, da versank ich in die tiefste, dicht an Verzweiflung grenzende Schwermut. Ich saß ganze Stunden starr und unbeweglich auf meinem Strohbette, betrachtete die öde, schweigende Wand und den eisernen Ring, der darein gemauert war, um mich nach dem Befehle des Fürsten daran zu ketten, wenn ich nur im geringsten was versehen sollte. Ich sah mich schon in der Kette und hörte sie rasseln am zitternden Arm und klirren am bebenden Fuße. – Für mein freies Gefühl war nichts Schrecklicheres als die Kette.

Das erste Jahr der Haft war äußerst streng und darauf angelegt, den Willen des Gefangenen zu brechen. Man warf Schubart in ein »Felsenloch«, feucht, kalt, nur durch eine einzige Öffnung zugänglich. Es handelte sich um ein

Verlies unterhalb der heutigen Erinnerungsstätte im Schubart-Turm. Einziger Besucher war der Festungskommandant Philipp Friedrich von Rieger, der einst selbst in Ungnade gefallen war und eine vierjährige Festungshaft erlebt hatte. Die eigene Erfahrung hat ihn nicht etwa zum einfühlsamen Aufseher werden lassen, vielmehr neigte er dazu, die Häftlinge zu misshandeln. Den gottlosen Schubart, dem nur einige religiöse Schriften als Lektüre erlaubt und alle Schreibgeräte weggenommen wurden, sollte er zu Gott und zur Bibel bekehren. An Komponieren oder Schreiben war nicht mehr zu denken. »Die Langeweile war die erste Geißel, die ich aufs empfindlichste fühlte. Ich zählte nicht mehr Tage, sondern Stunden und hörte oft Minuten auftreten, so leise wurde mein Gehör für die Zeit.« Erst als sich am 3. Februar 1778 die Kerkertür öffnete und Schubart in ein »luftiges, trockenes, heiteres Zimmer« verlegt wurde, konnte er im wahrsten Sinn des Wortes wieder aufatmen und aufleben: »Mein Herz entfaltete sich, meine Phantasie regte die Flügel, und ich empfand wieder Trieb und Reiz zur Dichtkunst.« Jedoch schränkt er ein: »Da ich alle meine Verse ohne Feder, Tinte, Bleistift oder irgendein Werkzeug zum Schreiben, bloß im Gedächtnis, verfertigte, so konnten sie niemals so aus-

Der vergleichsweise komfortable Gedenkraum im Schubart-Turm liegt über dem »Felsenloch«, in das Schubart während des ersten Haftjahres gesperrt wurde.

Gefangenschaft

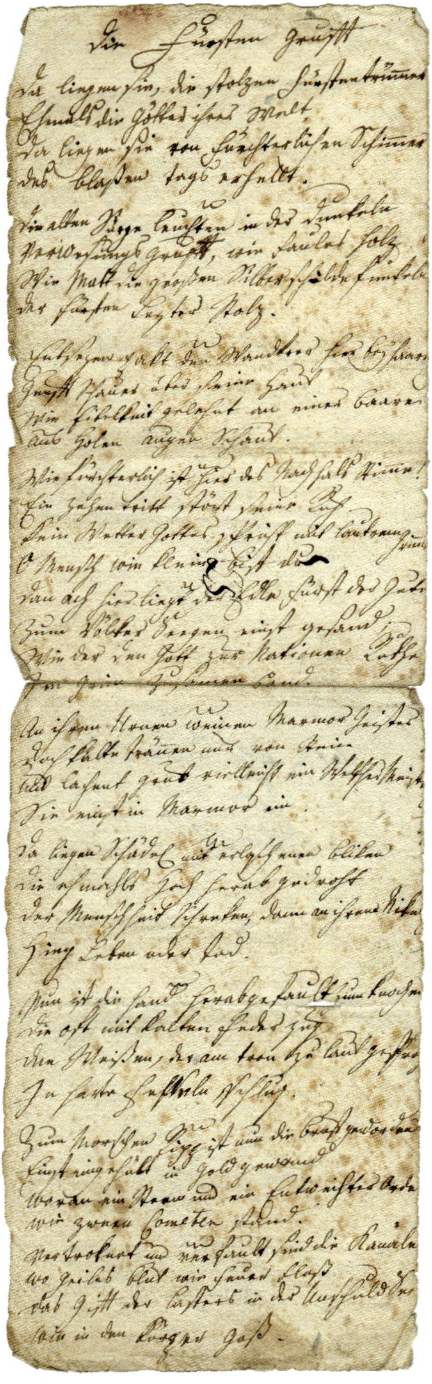

fallen, wie sie nach meinem Ideale von der Dichtkunst hätten sein sollen. Man kann im Kerker wenig Neues schaffen, man kann nur klagen.« So ganz stimmte Letzteres nicht, denn Schubart verfasste während der zehn Jahre seiner Haft die meisten jener Gedichte, die ihn über die Landesgrenzen hinaus berühmt machten, darunter *Die Fürstengruft*, die durch Franz Schuberts Vertonung in die Musikliteratur eingegangene *Forelle* und die *Kaplieder*.

Schon in jungen Jahren war Christian Friedrich Daniel Schubart ein aufmerksamer Beobachter der deutschen und der internationalen Literaturlandschaft gewesen und ist es während seines Lebens in Freiheit geblieben. In Ludwigsburg veröffentlichte er eine Sammlung von Gedichten und Prosawerken Friedrich Gottlieb Klopstocks und machte diesen im Südwesten bekannt. Klopstock galt einer ganzen Generation als Befreier von einer Dichtung, die als formelhaft und erstarrt empfunden wurde. Seine Werke zeichneten sich durch eine Individualität und Innerlichkeit aus, die richtungweisend für die nachfolgende Dichtergeneration – darunter Friedrich Schiller – wurde. Darüber hinaus war Schubart nicht nur Vermittler moderner Literatur, sondern schuf selbst Werke, die in ihrer Wucht und Wirkung nicht zu unterschätzen sind.

Abschrift von Schubarts Gedicht »Fürstengruft«, in dem er die tyrannischen Fürsten kritisierte. Das Gedicht entging der Zensur und konnte verbreitet werden.

Schillers Schulfreund Friedrich Wilhelm von Hoven berichtet in seiner Autobiografie von einem Besuch Schillers bei Schubart auf der Festung – eine theatralische Inszenierung, die immer wieder kolportiert wurde. Neuere Forschungen erheben berechtigte Zweifel an diesem Besuch, doch sicher ist, dass der junge Regimentsarzt Schiller ein großer Verehrer Schubarts war. Als er dank seines erfolgreichen Bühnenstücks *Die Räuber* ins Visier des Herzogs geriet, mit ersten Restriktionen belegt wurde und sich in der Nacht vom 22. auf 23. September 1782 durch Flucht seiner bedrückenden Lage entzog, hatte er ungedruckte Gedichte Schubarts im Gepäck, darunter *Die Fürstengruft*. Schubart geißelt darin nicht nur die schlechten Fürsten, sondern dreht den Spieß um. Nun sind es nicht mehr die versklavten Untertanen, die wie er in den Kerker geworfen werden, sondern die Tyrannen, die in der »Schauergrotte«, im »Nachtgewölbe dieser Gruft!« dahinmodern. Das Gedicht wurde 1781 veröffentlicht, die erste Idee hatte der Verfasser nach Aussage seines Sohnes schon 1773, während er sich in München aufhielt. Ausgeführt hat Schubart sie erst im dritten Jahr auf dem Asperg. Der Herzog hatte ihm versprochen, dass er zu einem bestimmten Termin freigelassen werde, doch der Termin verstrich, ohne dass etwas Derartiges geschah. Der Herzog ließ sich das Gedicht laut vorlesen – und verlängerte die Haft.

Angeregt durch die *Fürstengruft* dichtete Friedrich Schiller noch im selben Jahr seine politische Satire *Die schlimmen Monarchen*. Es ist offensichtlich, dass sich die beiden unter dem Herzog Carl Eugen leidenden Dichter im Vorfeld der Französischen Revolution als Racheengel zusammenfanden, um ihre giftigen Pfeile gegen die Fürstenwillkür abzuschießen. Schubart bekam Schillers Gedicht zu lesen und antwortete seinerseits mit dem Gedicht *An Schiller*. Darin rief er den jungen Dichter auf, sich gegen die Fallstricke eines allzu weltlichen und höfischen Lebens zu wappnen, vor allem aber – »wenn Laster, Wahn, / Unglaube, Christuslästerung / Aus aller Nacht die Drachenhäupter heben« – den »starken Arm zu schnellen / Pfeile des Rächers vom tönenden Bogen«.

Bezeichnenderweise widmeten sich beide Dichter in ihren Werken auch dem Soldatenverkauf durch deutsche Fürsten. Schiller nahm sich 1784 in *Kabale und Liebe* dieses Themas an, Schubart nur wenig später. 1786 folgte Carl Eugen dem Beispiel anderer Potentaten und verkaufte 3200 württembergische Soldaten an die Ostindische Handelskompanie, damit sie die holländische Kolonie am Kap der Guten Hoffnung und den Handelsweg nach Indien verteidigten. Es war ein Himmelfahrtskommando, nur wenige kamen Jahre später zurück nach Württemberg. Die sogenannten »Kapsoldaten« marschierten von Ludwigsburg aus in den Untergang. Schubart prophezeite diesen Untergang in seinen zutiefst vom Mitleid geprägten *Kapliedern*. Besonders das erste Lied *Auf, auf! ihr Brüder …*, heute als *das* »Kaplied« bekannt, nahm die Zuhörer gefangen. Von Achim von

Der Besuch Schiller's bei Schubart auf Hohenasperg.

Gefangner Mann ein armer Mann.
Schubart.

Verlag von Eli Merkel in Ravensburg
Mit gesetzlichem Schutze gegen Nachbildung

Arnim und Clemens Brentano in die Sammlung *Des Knaben Wunderhorn* aufgenommen, gehörte es zum Volksliedkanon des 19. Jahrhunderts.

Auf, auf! ihr Brüder und seid stark,
Der Abschiedstag ist da!
Schwer liegt er auf der Seele, schwer!
Wir sollen über Land und Meer
Ins heiße Afrika.

Ein dichter Kreis von Lieben steht,
Ihr Brüder, um uns her:
Uns knüpft so manches teure Band
An unser deutsches Vaterland,
Drum fällt der Abschied schwer.

Dem bieten graue Eltern noch
Zum letzten Mal die Hand;
Den kosen Bruder, Schwester, Freund;
Und alles schweigt, und alles weint,
Todblaß von uns gewandt.

Und wie ein Geist schlingt um den Hals
Das Liebchen sich herum:
Willst mich verlassen, liebes Herz,
Auf ewig? Und der bittre Schmerz
Macht's arme Liebchen stumm.

Ist hart! drum wirble du, Tambour,
Den Generalmarsch drein.
Der Abschied macht uns sonst zu weich,
Wir weinen kleinen Kindern gleich;
Es muß geschieden sein.
[...]

Der Besuch Friedrich Schillers in Schubarts Gefängniszelle wird immer wieder kolportiert, inzwischen aber von der Forschung in Zweifel gezogen.

Schubart konnte mit seinen Liedern zwar nicht die Freilassung der Kapsoldaten erreichen, aber indirekt seine eigene, denn die Stimmen in Deutschland, die diese forderten, wurden immer lauter. Als schließlich auch der preußische Hof intervenierte, konnte Carl Eugen im Mai 1787, nur drei Monate nach der Veröffentlichung der *Kaplieder*, zu einer Begnadigung veranlasst werden. Er stellte Schubart als Theaterdirektor und Hofdichter von des Herzogs Gnaden in Stuttgart an. Möglicherweise wollte er damit verhindern, dass dieser erneut außer Landes ging und von jenseits der Grenzen heftig gegen ihn anschrieb. Der ehemalige Häftling lebte noch vier Jahre in Stuttgart, wo er am 10. Oktober 1791 an einem Lungenödem verstarb.

Schubart war der prominenteste Dichter auf der Festung Hohenasperg, Schiller hätte leicht in seine Fußstapfen geraten können. Aber auch ohne ihn gab es mehr als genug literarische Prominenz auf dem Berg. Nachdem am 12. März 1737 Herzog Carl Alexander überraschend verstorben war, wurde sein jüdischer Finanzrat Joseph Süß Oppenheimer sofort unter Hausarrest gestellt und zuerst auf die Festung Hohenneuffen und dann auf den Asperg verbracht, bevor man ihn unter fadenscheinigen Anschuldigungen am 4. Februar 1783 in Stuttgart hinrichtete. Sein Schicksal wird bis heute immer wieder von Künstlern verschiedener Sparten und Geistesrichtungen aufgegriffen. Eines der bekanntesten Werke ist Lion Feuchtwangers 1925 erschienener Roman *Jud Süß*, dabei machte

Das Schubart-Denkmal, in unmittelbarer Nähe zum Löwentor gelegen, stellt den aufrecht auf der Festung ankommenden, in der Haft am Boden zerstörten und danach gebrochenen Dichter, Komponisten und Journalisten dar.

der bayerische Schriftsteller offenbar Anleihen bei Schubart. Lebt Süß Oppenheimer auf dem Hohenneuffen, wo er nach seiner Verhaftung unter Hausarrest steht, noch vergleichsweise komfortabel, sieht es nach der Verlegung »in strenge Haft auf den Asperg« anders aus:

Süß wurde in ein enges, feuchtes Loch gesperrt. Der Tag war hier nicht viel anders als die Nacht, die Kleider stanken in der nassen, modrigen Luft, faulten am Leib. Er erhielt keine Lagerstatt, der Boden war nackt, kalt, bucklig, naß. Er wurde auf Wasser und Brot gesetzt, durch viele Stunden kreuzweis geschlossen. Dicke Ratten trippelten widrig über seinen verrenkten Leib, und er konnte ihnen nicht wehren.

Der Erste, der die Figur des Jud Süß literarisch verarbeitete, war der Stuttgarter Schriftsteller Wilhelm Hauff. Dessen Vater hatte aufgrund seiner Franzosenfreundlichkeit und Vorliebe für die Französische Revolution einige Monate auf der Festung zugebracht, und zwar unter dem später von Napoleon zum ersten König von Württemberg erhobenen Herzog Friedrich Wilhelm IV. (beziehungsweise König Friedrich I.). August Friedrich Hauff kam krank nach Hause und starb wenige Jahre später möglicherweise an den Nachwirkungen der Haft. Mit ihm gefangen genommen, aber nach dem Verhör noch am selben Tag wieder freigelassen, hatte man unter anderem Georg Kerner, einen älteren Bruder von Justinus Kerner. Letzterer schrieb in seinen Erinnerungen:

»Es hatte sich in Ludwigsburg unter den Familien eine allgemeine Angst verbreitet, und wer nur in etwas kein gutes Gewissen hatte, brachte die etwa verdächtig sein könnenden Papiere und Bücher auf die Seite, und Hunderte, die sich gegen die politischen Verhältnisse geäußert, erwarteten ihre Abführung auf die Feste.«

Die Angst vor der Festung zeigte ihre Wirkung, konnte aber nicht verhindern, dass auch später immer wieder politische Häftlinge in ihren Zellen landeten.

So saß Friedrich List, nach dem heute landauf, landab Schulen und Straßen benannt sind, der unter anderem mit Justinus Kerner und Heinrich Heine befreundet war, als Korrespondent der *Allgemeinen Zeitung* aus Paris berichtete und das *Staatslexikon – Encyklopaedie der Staatswissenschaften* mit ins

Justinus Kerners Sohn Theobald fertigte um 1850 ein Aquarell vom Innenhof der Festung Hohenasperg. Der Anhänger der 1848er-Revolution verbüßte für seine demokratische Haltung zehn Monate Haft auf dem »Jammerbuckel«.

Leben rief, vom Juli 1824 bis Januar 1825 wegen angeblicher Majestätsbeleidigung ein. Er wurde nur gegen die Zusicherung freigelassen, außer Landes zu gehen. Er ging gleich bis nach Amerika, wo er unter anderem das Eisenbahnwesen kennenlernte. 1833 kam er zurück und wurde als Nationalökonom der geistige Wegbereiter des Deutschen Zollvereins und als Eisenbahnbauer der Wegbereiter des deutschen Eisenbahnwesens. Der Stuttgarter Verleger Johann Gottlob Franckh, der zusammen mit seinem Bruder Johann Friedrich Franckh jenen Verlag in Stuttgart betrieb, in dem unter anderem Wilhelm Hauff und Eduard Mörike verlegt wurden und aus dem der heutige Verlag Franckh-Kosmos hervorging, war 1833 inhaftiert worden. Er galt zusammen mit Ernst Ludwig Koseritz, der Aufseher auf der Festung war, als Hauptdrahtzieher einer geplanten republikanischen Verschwörung im Umfeld des Frankfurter Wachensturms. 1836 saß der in Nordstetten geborene Schriftsteller Berthold Auerbach wegen Mitgliedschaft in einer verbotenen Burschenschaft ein. 1848/49 wurde es dann richtig voll, rund 400 politische Häftlinge kamen im Zuge der Revolution auf dem Asperg an, hier sollen exemplarisch nur die beiden Schriftsteller Theobald Kerner, der Sohn von Justinus Kerner, und Hermann Kurz genannt sein.

Auch im 20. Jahrhundert gab es immer wieder Publizisten, die auf der Festung interniert wurden. Der Journalist und Hochschuldozent Klaus Mehnert, der Ende des Zweiten Weltkriegs in Shanghai lebte und die Zeitschrift *The XXth Century* herausgab, die als Propagandainstrument des deutschen Auswärtigen Amts diente, wurde zusammen mit anderen China-Deutschen von den US-Amerikanern repatriiert. Von August bis Oktober 1946 wurde er im Lager auf der Festung Hohenasperg interniert und im Januar 1947 als »nicht belastet« eingestuft. Zwei Jahre später wurde er Chefredakteur von *Christ und Welt*, arbeitete für Hörfunk und Fernsehen, darunter war er im ARD-*Frühschoppen* zu sehen, wurde Professor für Politische Wissenschaften an der TU Aachen, unternahm zahlreiche Auslandsreisen und hielt seine Beobachtungen in seinen Schriften fest. Der Asperg hat im Lauf der Zeit viele Namen erhalten, Mehnert und seine Mitgefangenen nannten ihn »Hohenarschberg«.

Mehnerts Biografie wird zusammen mit 21 anderen Biografien von historisch bedeutenden Häftlingen in der Dauerausstellung *Hohenasperg – ein deutsches Gefängnis* dokumentiert, die das Haus der Geschichte Baden-Württemberg seit 2010 im Arsenalbau der Festung zeigt. Neben Dokumenten belegen Originalobjekte die Geschichte des Gefängnisses, darunter das schwere Tor, das sich hinter Christian Friedrich Daniel Schubart schloss: »Jetzt rasselte die Tür hinter mir zu, und ich war allein – in einem grauen, düstern Felsenloche allein!«

Zellentür zur Gedenkstätte im Schubart-Turm – »Diese Hölle schlug nun ihre Flügel über mir zusammen; hüllte mich ein in ihre schreckliche Nacht […]«

Schubart C. F. D.
23. Januar 1777–3. Febr. 1778

Marbach am Neckar

Kleinstadt schlägt Großstadt

In Marbach am Neckar zerfällt die Welt in oben und unten. Oben, das ist die vergleichsweise neu angelegte Schillerhöhe ❻, das ist der Ort, an dem zu Beginn des 20. Jahrhunderts ein Palast errichtet wurde, dem – wie Paläste es so an sich haben – weitere zum Gesamtkomplex gehörende Bauten folgten. Unten, das ist eine idyllische schwäbische Fachwerkstadt, die 1793 von französischen Truppen fast vollständig in Schutt und Asche gelegt und im 18. Jahrhundert neu aufgebaut wurde. Es ist der Ort, in dem ein bescheidenes Häuschen ❼ steht, das zur Keimzelle für Marbachs Berühmtheit wurde. Denn Marbach am Neckar wäre vielleicht eine kleine Weingärtner- und Marktstadt im Speckgürtel der Landeshauptstadt Stuttgart geblieben, wäre hier nicht einer zur Welt gekommen, der in seinem späteren Leben kaum et-

Schiller-Nationalmuseum und Literaturmuseum der Moderne (LiMo) – aus dem Marbacher Schelmengrüble erwuchs eine attraktive Museumslandschaft.

was anderes tat, als seiner Leidenschaft nachzugehen, dem Schreiben. Dabei zeigte er solche Größe, dass er bis heute weltweit zu den Bedeutendsten der Literaturgeschichte gezählt wird: Friedrich Schiller.

Rund zehn Jahre vor Fritzles Geburt, am 14. März 1749, stieg Johann Caspar Schiller, Feldscher und Soldat aus Bittenfeld, auf dem Rückweg vom Österreichischen Erbfolgekrieg in der Marbacher Wirtschaft »Zum goldenen Löwen« ab, lernte die Bäcker- und Wirtstochter Elisabetha Dorothea Kodweiß kennen und heiratete sie schon wenig später. Das Paar lebte im Kodweiß'schen Haus, und Schiller wollte sich als Wundarzt in der Heimatstadt seiner Frau niederlassen. Der Plan mag gut gewesen sein, ging aber nicht auf, da die Löwenwirtschaft in Konkurs ging, verkauft wurde und er sich erneut als Soldat verdingen musste. Während er im Siebenjährigen Krieg kämpfte,

gebar seine Frau 1757 das erste Kind, die Tochter Christophine. Damals wohnte sie zusammen mit ihren Eltern zur Miete in der heutigen Niklastorstraße 28, reiste ab und zu ihrem Mann ins Heereslager hinterher und mietete sich schließlich in der Erdgeschossstube des gegenüberliegenden Hauses Nr. 31 ein. Dort kam am 10. November 1759 ihr zweites Kind zur Welt, Friedrich, der einzige Sohn. Ein großer Schillerverehrer, nämlich Hans Christian Andersen, beschreibt in seinem 1861 veröffentlichten Märchen *Die alte Kirchenglocke* die Geburtsstunde:

Es war spät im Jahre, das Weinlaub hing herab mit rothen Blättern, Regenschauer fielen und der kalte Wind wurde immer stärker; es war nicht die erquicklichste Zeit für die Armen. Die Tage wurden finster und noch finsterer war es drinnen in den alten kleinen Häusern. Eins von diesen lag da mit dem Giebel zur Straße gewandt, mit niedrigen Fenstern; arm und gering war es anzusehen, und so war auch die Familie, die es bewohnte, aber brav und fleißig und mit Gottesfurcht in der Schatzkammer des Herzens. Noch ein Kind wollte der liebe Herrgott ihnen bescheeren; die Stunde war da, die Mutter lag in Schmerzen und Noth; da drang zu ihr hinein vom Kirchthurme ein Glockenklang so tief, so festlich, es war eine feierliche Stunde […] und in derselben Stunde gebar sie ihr Söhnchen und fühlte sich so unendlich froh.

Anders als beim dänischen Märchendichter im Weiteren beschrieben, war der Vater nicht anwesend, er stand noch bis 1762 im Feld. Mit seiner endgültigen Rückkehr aber veränderte sich das Leben der ganzen Familie. Sie zog zuerst in die benachbarte Garnisonsstadt Ludwigsburg, 1763 nach Lorch ins Remstal und endlich 1766 wieder nach Ludwigsburg. Von dort aus besuchte laut Schillers Schwester die Mutter mit den Kindern gern die Eltern in Marbach. Aus der Feder des Dichters gibt es nicht einen einzigen Hinweis auf eine Rückkehr in die Stadt seiner Geburt, weder zu jener Zeit noch zu späterer. Auch als er 1793/94 für mehrere Monate in Ludwigsburg und Stuttgart weilte, scheint er nicht nach Marbach gekommen zu sein und wenn, dann war es ihm keine Erwähnung wert.

Glaubt man der Schriftstellerin Ottilie Wildermuth (1817–1877), die ihre Kindheit und Jugend selbst in der Neckarstadt verbrachte und im Juni 1857 einen Text mit dem Titel *Aus Schillers Heimath* in der *Neuen preußischen Zeitung* (Kreuzzeitung) veröffentlichte, dann waren die Bewohner über diese Missachtung wenig begeistert:

So hat es auch die kleine Stadt Marbach am Neckar, bei allem Stolz auf Schiller, ihren großen Sohn, immer heimlich ein wenig verdrossen, daß er sich in den Tagen seines Ruhmes nie mehr gekümmert hat um die Wiege seiner ersten Kindheit, um die Heimath seiner Mutter. Und es ist eine freundliche Heimath, der er sich nicht hätte schämen dürfen, wie unansehnlich auch die Häuser, wie krumm und uneben auch die Straßen sind […]

Immerhin wollten die Marbacher ihren untreuen, aber berühmten Abkömmling nach dessen frühem Tod im Jahr 1805 trotzdem gebührend feiern und der schnell einsetzenden nationalen und internationalen Schillerverehrung in nichts nachstehen. Da es außer dem Taufbucheintrag vom 11. November 1759, der allein schon wegen seiner ungewöhnlich langen Patenliste auffällt, keinerlei schriftliches Zeugnis gab, das verriet, in welchem Haus Schiller zur Welt gekommen war, befragte ein eingewanderter Sachse, der Handwerker Carl Gottlob Francke, 1812 die Bewohner. Fünfzehn Zeugenaussagen sind überliefert, fast alle weisen zum Haus des Säcklers beziehungsweise Taschenmachers Ulrich Schöllkopf in der Niklastorstraße und damit zu jenem Gebäude, das seitdem als Schillers Geburtshaus bezeichnet wird. Zu hundert Prozent sicher ist man sich allerdings erst seit 2016. Zufällig einen Tag nach Schillers Geburt wurde zu Abrechnungszwecken eine 18-seitige Liste erstellt, in der aufgeführt ist, wer aus dem Hardtwald Holzlose erhielt. Als

Schillers Geburtshaus (rechts) in der Niklastorstraße 31 – die Keimzelle für die Entwicklung Marbachs zur weltweit beachteten Literaturstadt liegt in der von Fachwerkhäusern geprägten Marbacher Altstadt.

sie zu Ausstellungszwecken hervorgeholt wurde, fiel dem Stadtarchivar Albrecht Gühring auf, dass die Empfänger in einer ganz bestimmten Reihenfolge aufgeführt wurden, nämlich in der ihrer Häuser. Da sich auch »Herr Lieutenant Schillers Frau« darunter findet, wurde damit der bis dato einzige schriftliche Beweis gefunden, dass das Schillerhaus tatsächlich das richtige Geburtshaus ist. Nicht auszudenken, wenn dieses Häuschen, das seit rund 200 Jahren als Wallfahrtsort für Schillerverehrer dient und das die Marbacher Bürger mit so großer Anstrengung erstanden, instand hielten und bis heute immer wieder dem Zeitgeschmack anpassten, gar nicht das richtige gewesen wäre. Wobei es manchen vermutlich lieber gewesen wäre, wenn sich ein anderes, nämlich größeres Haus als Keimzelle für den Geistesriesen aus Marbach herauskristallisiert hätte. Zwar war den meisten die Dürftigkeit des Geburtsorts Bestätigung für den Mythos vom ewig darbenden Dichter Schiller und Symbol für den faszinierenden Aufstieg aus sozialen Niederungen in die höchsten geistigen Höhen, doch viele waren schlichtweg enttäuscht. Zu Letzteren zählt der italienische Schriftsteller Bonaventura Tecchi. In seinem 1964 erschienenen Buch *Svevia, terra di poeti* (deutsch *Schwabenland – Dichterland*, 1972) lässt er dem freien Lauf:

Das Taufbuch der Evangelischen Kirchengemeinde Marbach aus den Jahren 1732 bis 1762, aufgeschlagen ist der Eintrag vom 11. November, Schillers Geburtstag. Auffällig ist die ungewöhnlich lange Liste von Paten.

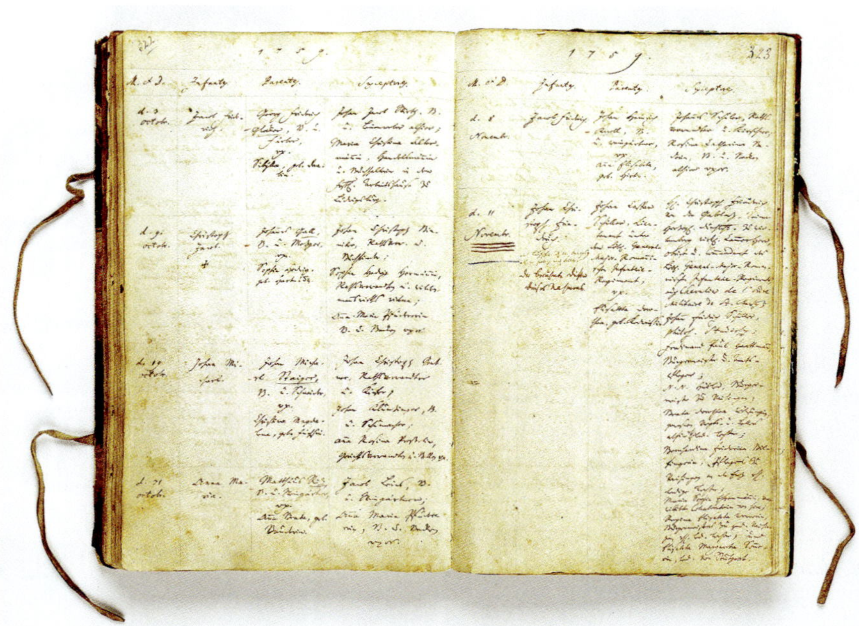

Schillers Geburtshaus und die Niklastorstraße im Jahr 1914. Damals führte noch ein Tor von der Straßenseite aus ins Haus. Später wurde dieser Eingang entfernt, das Tor ist heute im Innenraum angebracht.

Während ich auf die Altstadt Marbachs zuging, durch Gruppen von kleinen Häusern, die sich unter dem Turm ducken, war ich vorbereitet, eine kümmerliche Wohnstatt vorzufinden. Aber was ich wirklich sah, das hatte ich nicht erwartet.

Im Vergleich mit Mörikes Geburtshaus oder mit dem von Justinus Kerner ist das Schillerhaus in Marbach kaum mehr als eine Hütte. Nur zwei Zimmer oder genauer gesagt, zwei kleine Buden: das Zimmer in dem Schiller geboren wurde, in dem das Ehebett der Eltern stand, dazu ein enger Raum, viel eher Korridor als Zimmer.

Auch Gustav Schwab spricht in seinen *Wanderungen durch Schwaben* (1837) von einer »Hütte« und Ottilie Wildermuth von einem »kleinen Häusschen«. Sie stellt fest:

Es ist schlicht und unansehnlich, es ist prosaisch und nüchtern sogar, in der Reihe der andern Häuser eingeengt und hat nicht einmal die wilde Poesie, die oft noch die ärmlichste Dorfhütte umkleidet.

Das Haus sei umgebaut worden und werde von einem Bäcker, Johann Georg Fischer, bewohnt:

Und wer mit lebhafter Phantasie begabt ist, kann sich immerhin noch einbilden, mit einer Schillersemmel ein Atom Poesie in sich aufzunehmen. Das Zimmer, in welchem Schiller geboren wurde, ist zugleich Wohnzimmer, Schänk- und Backstube; eine Büste des Dichters, ein Fremdenbuch mit vielen geschmacklosen Einzeichnungen, die Werke Schiller's, die kürzlich erst mit einer schönen poetischen Widmung von Bremen hierher gestiftet wurden, sind der einzige Schmuck, der an seine Bedeutung erinnert.

Immerhin hat das die Schiller-Verehrer nicht abgehalten, und so wird das Haus »seit vielen Jahren […] von nah und fern heimgesucht«. Das alte Gebäude musste offenbar sogar darunter leiden, denn Holzsplitter wurden aus den Balken geschnitten, um als »Schillersplitter« mit in die Heimat genommen zu werden. Die Schriftstellerin wünschte sich, dass das Haus gekauft und als einfache Gedenkstätte eingerichtet werde. Ihr Wunsch ging in Erfüllung. Der 1835 gegründete Marbacher Schillerverein schloss zunächst 1857 mit dem Besitzer Johann Georg Fischer einen Vertrag, nach dem innerhalb von zwei Jahren das Haus gekauft werden sollte. 2500 Gulden war der ausgehandelte Preis, dank eines deutschlandweiten Spendenaufrufs kam das Vierfache zusammen, und so konnte rechtzeitig zum 100. Geburtstag am 10. November 1859 die Gedenkstätte sogar in renoviertem Zustand eröffnet werden. Zur Einweihung war Ottilie Wildermuth nicht eingeladen worden, als sich dann aber der »poetische Jugendtraum der alten Stadt Marbach« erfüllte und die Bürger am 9. Mai 1876 endlich ihr Denkmal bekamen, war sie dabei.

Gründungszweck des Marbacher Schillervereins war ursprünglich nicht der Ankauf des Hauses gewesen, sondern die Errichtung eines Denkmals. Um dieses Ziel zu erreichen, wurden immense Anstrengungen unternommen. So wurde zunächst das »Schelmengrüble«, ein Brachland auf einem Hügel südlich der Stadt, zu einem Hain umgestaltet. Hier sollte eines Tages das Standbild des Dichters seinen Platz finden. Laut Ottilie Wildermuth war die gesamte Bevölkerung dafür zu begeistern:

Kein kleines Werk, – aber Liebe und Begeisterung dafür war in alle Volksschichten gedrungen. Alle wetteiferten, das Ihre dazu beizutragen. Selbst die ärmsten Handwerker und Tagelöhner verpflichteten sich zu unentgeltlicher Arbeit dabei, und an einem schönen Frühlingsmorgen begann unter verständiger Leitung ein rühriges Schaffen und Treiben, ein Fahren, Tragen und Graben auf dem alten Schelmengrüble, als gelte es, die Gegend umzugestalten. […]

Und die gebildete Bevölkerung, die nicht Steine graben und Karren führen konnte, die lustwandelte unter den emsigen Arbeitern, um sie durch freundliche Worte zu ermuntern, und spendeten in

Kanonen für den Nationaldichter: Kaiser Wilhelm I. spendete 32 Zentner Geschützbronze, damit die Geburtsstadt endlich auch ein Schiller-Denkmal erhielt.

MANNHEIM

reicher Fülle den guten Neckarwein aus ihren Kellern, um sie bei frischem Muth zu erhalten; – Alles um die Ehre der Vaterstadt in Schiller, ihrem berühmten Sohn.

Marbach war nicht die einzige Stadt, die dem gefeierten Dichter ein Denkmal setzen wollte. Der Schiller-Kult gedieh landauf, landab aufs Schönste, und auch Stuttgart wollte den ehemaligen Karlsschüler, Lazarettarzt und desertierten Dichter mit einer Statue ehren. Ein regelrechter Wettkampf entbrannte zwischen der Residenzstadt und der kleinen Landstadt, den trotz aller Anstrengungen Marbachs die Erstere gewann. 1839 wurde in Stuttgart das von Bertel Thorvaldsen entworfene Schillerdenkmal beim Alten Schloss feierlich eingeweiht. Drei Marbacher Bürger waren offiziell dazu abgeordnet, darunter Ottilie Wildermuths Vater. Doch auch die Geburtsstadt sollte nicht leer ausgehen und auf Dauer gesehen Stuttgart sogar übertrumpfen. Sie besaß mit dem Geburtshaus ein absolutes Alleinstellungsmerkmal, das ihr keiner nehmen konnte, und 1876 durfte sie endlich nachziehen und auf der Schillerhöhe ein Denkmal errichten. 32 Zentner im Deutsch-Französischen Krieg erbeutete Geschützbronze hatte Kaiser Wilhelm I. der Stadt dafür überlassen, Ernst Rau hatte es entworfen, Wilhelm Pelargus gegossen. Doch das war noch nicht alles, denn das kleine Marbach erhielt auf dem ehemaligen Schelmengrüble auch jenen eingangs erwähnten Palast, das Schiller-Nationalmuseum, und in dessen Folge das Deutsche Literaturarchiv und das Literaturmuseum der Moderne (LiMo).

Das Oben in Marbach ist allerdings zugleich auch ein Unten, denn auf der Schillerhöhe liegen, mehrstöckig unterkellert, Magazine, in denen vieles von dem aufbewahrt wird, was in der Oberwelt die Ausstellungsräume von Nationalmuseum und LiMo speist. Regalmeter um Regalmeter sind dort gefüllt mit Briefen, Manuskripten, Büchern, Zeitschriften, Tondokumenten, aber auch Bildern, Büsten, Möbeln, Totenmasken und anderen Heiligtümern, etwa Hermann Hesses Nobelpreismedaille. Dass dem so ist, haben die Marbacher vor allem drei Männern zu verdanken – sieht man einmal vom Gegenstand der Verehrung, von Schiller, ab. 1890 besuchte Traugott Haffner, der damalige Bürgermeister von Marbach, in Stuttgart eine Ausstellung über schwäbische Dichter und allen voran über das berühmteste Kind des Landes. In der Folge setzte er alles daran, diese dauerhaft in seine kleine Stadt zu bringen. Seine Beharrlichkeit hatte Erfolg, er gewann die richtigen Mitstreiter – den Ausstellungsmacher Otto Güntter und einen der wichtigsten Männer der württembergischen Wirtschaft, Kilian von Steiner, der maßgeblich an der Gründung von BASF, Daimler, Deutscher Bank und WMF beteiligt war. Alles lief bestens, und das Gebäude, das den schwäbischen Dichtern eine Heimat geben sollte, wurde sogar schon lange vor dem angestrebten Datum fertig. An Schillers 98. Todestag, dem 9. Mai 1903, wurde das Schiller-National-

Ein »Pantheon der deutschen Literatur« entsteht – in Rekordgeschwindigkeit wurde zwischen 1901 und 1903 das Schiller-Nationalmuseum nach den Plänen der Architekten Ludwig Eisenlohr und Carl Weigle erbaut.

museum eröffnet, an Schillers Geburtstag, dem 10. November, vom württembergischen König Wilhelm II. feierlich eingeweiht.

Damit war aber kein Ende, die Marbacher sollten noch mehr bekommen. 1933/34 wurde das Museum erweitert und zum 175. Geburtstag von Schiller mit viel völkischem Pomp in Betrieb genommen. Schiller wurde als »Kampfgenosse Hitlers« gefeiert. Nach vorübergehender Schließung wurde das Museum 1947 wiedereröffnet, der vorher gleichgeschaltete Trägerverein, der seit 1895 aus dem Marbacher Schillerverein hervorgegangene Schwäbische Schillerverein, wurde zur Deutschen Schillergesellschaft. 1952 stifteten die Herausgeber der *Stuttgarter Zeitung* der Institution das Archiv des Cotta-Verlags. Der riesige Bestand umfasste unter anderem die Geschäftsakten und etwa 140 000 bis 150 000 Briefe von Dichtern wie Goethe, Schiller, Kleist, Uhland und Mörike. Die Schenkung entwickelte sich zur Initialzündung, aus einer Sammlung für schwäbische Literatur wurde 1955 das Deutsche Literaturarchiv. Das kleine idyllische Marbach wuchs damit neben Wolfenbüttel und Weimar, mit dem auch zu Zeiten deutsch-deutscher Teilung ein reger Austausch stattfand, zu einem Mittelpunkt der literarischen Welt. Passten die Büros anfangs noch unter das Dach des Nationalmuseums und

Einer der Ausstellungsräume im Schiller-Nationalmuseum, wie er in den 1950er-Jahren ausgesehen hat. Ungefähr zu jener Zeit besuchte Bonaventura Tecchi das Museum und hielt seine Eindrücke fest.

saßen die Mitarbeiter bei Besprechungen ab und an auf Fensterbänken, zogen sie 1973 in ein neu errichtetes Gebäude ein, das schon 1995 ein weiteres Mal erweitert werden musste. Auch das alte Museum entsprach nach rund hundert Jahren nicht mehr den Erfordernissen von Raum und Zeit, und so wurden aus einem Museum zwei, als 2006 das von David Chipperfield Architects entworfene und ein Jahr später für die Architekturleistung mit dem Stirling-Preis ausgezeichnete LiMo hinzukam. Hier wird seitdem die Literatur des 20. und 21. Jahrhunderts präsentiert. Moderne Ausstellungsästhetik und Technik warten auf die Besucher. Bonaventura Tecchis 1964 veröffentlichte Beschreibung trifft in Teilen auf beide Museen zu, allerdings mit der Einschränkung, dass das LiMo im Ausstellungsraum keine Fenster besitzt:

Im Museum ist alles säuberlich und wohl geordnet, alles hat einen Hauch von Vornehmheit und Solidität; alles ist voller Licht, mit großen spiegelnden Glasfenstern, mit Schränken und Schaukästen, hinter deren blitzenden Scheiben Hun-

derte von Gegenständen klar umrissen und schattenlos erscheinen, Medaillen, kleine Andenken, Auszeichnungen – dazu Hunderte von aufgeschlagenen Manuskriptseiten. Auf dem Weiß der Blätter wimmelt es von schwarzen Krakelfüßen, so wie Dichterhandschriften eben sind, meist eigenwillig und sich aufbäumend, zuweilen regelmäßig und geduldig wie Silberschmiedearbeit.

Schon im 19. Jahrhundert fanden sich gekrönte Häupter und Honoratioren, Handwerker und Kaufleute, Schriftsteller und Bibliothekare, Studenten und Militärangehörige in Marbach ein, um sich auf die Suche nach den Schillerspuren zu begeben. Nicht nur Deutsche aus Nord, Süd, Ost und West kamen in die Stadt, auch Reisende aus anderen europäischen Ländern und den übrigen Kontinenten waren zu Gast. Das 20. Jahrhundert kann ebenfalls Abertausende von Gästen verzeichnen. Schulklassen, Betriebsausflügler und Touristen verbringen ein oder zwei Tage in der Stadt; Studierende, Wissenschaftler und Wis-

Englische Königin und deutscher Dichterfürst nahezu auf Augenhöhe – 1965 besuchte Queen Elizabeth die Geburtsstadt des international gefeierten Schiller und betrachtete unter anderem seine Büste.

senschaftlerinnen aus so ziemlich allen Ländern dieser Erde mieten sich ein, um die Bestände des Archivs zu Forschungszwecken zu nutzen. Auch prominente Gäste sind zu verzeichnen. So machte Queen Elizabeth 1965 auf der Durchreise von Stuttgart nach Schloss Langenburg ganz gezielt hier Station, auch wenn findige Zungen ihr nachsagen, sie habe Schillers Marbach mit dem Marbach des württembergischen Staatsgestüts verwechselt und den unzählige Male kolportierten Satz »Where are the horses?« geäußert. Auch die meisten Bundespräsidenten liefen über den von Fall zu Fall ausgerollten roten Teppich, wobei es nicht immer ohne Hindernisse abging. Carl Carstens' Hubschrauber wirbelte so viel Staub auf, dass danach das eben frisch herausgeputzte Nationalmuseum einen neuen Anstrich erhalten musste. Und der Festakt zur Wiedereröffnung des renovierten Nationalmuseums am 250. Geburtstag Schillers im Jahr 2009 zog sich entgegen dem Protokoll so lange hin, dass der traditionelle Blumengruß oder vielmehr Blumensturm der Grundschulkinder am Denkmal beihahe ohne den Bundespräsidenten Horst Köhler stattgefunden hätte. Häufige Gäste sind, das ist keine Überraschung, gefeierte und weniger gefeierte Literaten. Der Besuch von Thomas

Der Hubschrauber des Bundespräsidenten Carl Carstens sorgte im Januar 1980 auf dem fast menschenleeren Vorplatz des frisch gestrichenen Schiller-Nationalmuseums für heftige Staubwolken und Nachwirkungen.

Am 9. Mai 1955 wurden Thomas und Katja Mann von Direktor Bernhard Zeller durch das Schiller-Nationalmuseum geführt. Kurz davor wurden die Pläne zur Gründung des Deutschen Literaturarchivs vorgestellt.

Mann 1955 bescherte der Deutschen Schillergesellschaft allerdings reichlich Austritte, da viele Mitglieder dem unter den Nationalsozialisten geflohenen Nobelpreisträger das Exil in den USA und den dem Marbach-Aufenthalt vorausgegangenen Besuch in Ostdeutschland übel genommen hatten.

Schillerhöhe oben und Geburtshaus unten haben das kleine Marbach zu einem der Orte der Literatur mit magischer Anziehungskraft gemacht. Im Oktober 2018 wurde die Altstadt zudem um eine weitere Attraktion reicher, denn da übergab man das Tobias-Mayer-Museum seiner Bestimmung. Es ist dem zweiten Sohn der an Genies nicht gerade armen Stadt gewidmet, dem Mathematiker, Kartografen und Astronomen Tobias Mayer. Auch er wurde in einem alten Fachwerkhaus unterhalb des Torturms geboren, wer also Schiller und Mayer verstehen will, für den gilt Tecchis Rat: »Man muß die vielköpfige Gesellschaft fliehen und allein, höchstens in einer kleinen Gruppe, hinabsteigen durch Gassen, von denen es keinen weiten Blick zum Neckar mehr gibt, an denen keine schmucken Häuser mehr stehen.«

Schloss Solitude

Erst Sklavenplantage, dann Baumschule

Westlich der Metropole Stuttgart gelegen, einsam und umgeben von Wald, dazu mit fantastischer Aussicht über die Tiefebene im Norden – so könnte man die Lage von Schloss Solitude ❽ in einer Immobilienanzeige anpreisen. Übertreiben würde man dabei bestenfalls in einem Punkt: Einsam ist es dort heute nur noch an Tagen mit schlechtem Wetter, ansonsten sind Schloss Solitude und seine Parkanlage ein magischer Anziehungspunkt für Touristen und Einheimische. Das war allerdings nicht immer so.

Herzog Carl Eugen hatte die Solitude ursprünglich als Rückzugsort

Schloss Solitude mit seiner Aussichtsplattform bot der Hofgesellschaft herrliche Freizeitaktivitäten. Für die Schüler der Hohen Karlsschule dagegen bedeutete das Leben dort oben strenge Pflichterfüllung.

Verspieltes Rokoko begrüßt die Besucher im bestens erhaltenen Vorzimmer von Schloss Solitude. Immer präsent ist Carl Eugen Herzog von Württemberg, der Erbauer der Anlage, »Vater« der Karlsschüler und Herr der Familie Schiller.

geplant, als Sommer- und Jagdschlösschen inmitten von wildreichen Wäldern und gut von den Residenzschlössern in Stuttgart und Ludwigsburg zu erreichen. »Solitude«, das französische Wort für »Einsamkeit«, sollte Programm sein. 1763 begannen die Planungen, doch schon bald änderte der absolutistische Herrscher seine Meinung, und er ließ von den Architekten Johann Friedrich Weyhing und Philippe de La Guêpière ein stattliches Lustschloss mit weitläufigen barocken Gartenanlagen erbauen. Er wollte einen Ort pompöser Prachtentfaltung schaffen, bestens geeignet, die eigene »von Gottes Gnaden« verliehene Machtfülle zur Schau zu stellen. Carl Eduard Vehse, der eine mehrteilige Buchreihe zu den deutschen Fürstensitzen veröffentlichte, beschrieb 1853 die Gartenanlagen:

Solitude, auf einer der rauhesten Höhen der waldigen Gegend zwischen Stuttgart und Leonberg, die ihm [Carl Eugen] wegen ihrer schönen weiten Aussicht gefallen hatte, wurde nun ein Hauptfreudenort. Wie Ludwigsburg ward dieses Solitude auf fremden Boden erbaut; es gehörte einem benachbarten Dorfe [Gerlingen]. Man grub Seen auf Bergen und ließ sie frondenweise durch Tausende von Bauern mit Ton ausschlagen und mit Wasser anfüllen. Die Wälder wurden illuminiert: Aus künstlichen Grotten inmitten derselben sprangen ganze Heere von Faunen und Satyren und tanzten zur Mitternachtsstunde Ballett.

Im Orangeriekomplex am Monumentplatz, dessen Zentrum das Reiterstandbild des Herzogs dominierte, wurde 1770 und damit unmittelbar nach der

Fertigstellung des Schlossbaus die später so genannte Hohe Karlsschule eingerichtet. Diese Schule oder vielmehr Militärakademie war ein eigenartiges Zwitterwesen, das die Widersprüchlichkeit seines Gründers und seiner Zeit spiegelte. Sie war gedacht als »Pflanzschule« für den Offiziersnachwuchs, als aufgeklärte Bildungsanstalt, die dem Herrscher treue und hörige, aber auch umfassend gebildete Staatsdiener bescheren sollte. Es wurden sowohl die militärischen Fächer unterrichtet als auch Latein, Französisch, Griechisch, Italienisch, Philosophie, Mythologie, Medizin, Arithmetik, Forst- und Jagdwesen, Kameralistik und Jurisprudenz. Gleichzeitig herrschte strengster militärischer Drill. Gustav Schwab schreibt in *Schiller's Leben*:

Subordination war das Grundgesetz des Instituts, der Stock, die Degenklinge und die Trommel beinahe die einzigen äußerlichen Aufforderungsmittel zu den Studien. In Parade ward in die Unterrichtsstunden gezogen, in Parade zum Mahl, in Parade zu Bette, zusammen taktmäßig und steif traten die Jünglinge in die Lehrzimmer, das Commandowort: Marsch, halt, links um, schwenkt euch! rief sie zu der Beschäftigung mit den Wissenschaften. Die strengste Verläugnung ihrer Individualität, die Erstickung der hervorstechendsten, wenn nicht zu dem ganz auf's praktische Leben angelegten Erziehungsplane passenden Talente, die Gefangennehmung des eigenen selbstständigen Sinnes und die gänzliche Unterwerfung des Willens unter den des Stifters wurde von den Zöglingen verlangt und im Durchschnitt auch geleistet.

Besuche gab es nur an den Sonntagnachmittagen und ausschließlich von engen Familienangehörigen. Urlaub

Prächtigster Raum auf Solitude ist der Weiße Saal. Das um 1768 von Nicolas Guibal gemalte Deckengemälde stellt die segensreiche Regierung Carl Eugens dar.

war kein Thema, Ausgang ebenso wenig, aber wo hätten die Akademisten auf der Solitude auch hingehen sollen? Kneipen, Theater und sonstige Vergnügungsstätten waren weit weg.

Zugleich war die Karlsschule von erstaunlicher Modernität. So wurde das ansonsten sehr streng gehandhabte Ständeprinzip durchbrochen, indem sowohl Adlige als auch Bürgerliche aufgenommen wurden. Nicht Privilegien gaben den Ausschlag, sondern strenge Leistungsprinzipien. Außerdem rekrutierte sich das Lehrerkollegium zu einem nicht geringen Teil aus jungen Absolventen des Tübinger Stifts, die mit Nachdruck die geistigen Interessen ihrer Schüler förderten und sie zum Beispiel zu literarischen Arbeiten anhielten. Tatsächlich waren die Zöglinge dieser »Sklavenplantage«, wie der Dichter Christian Friedrich Daniel

Schubart die Akademie nannte, später in vielen hohen Ämtern zu finden und oft vertraten sie die modernen Ideen der Aufklärung und teilweise auch der Französischen Revolution. Manche der ehemaligen Lehrer und Schüler waren unter den Autoren der Stuttgarter Verlage J. B. Metzler und J. Fr. Cotta zu finden. Der berühmteste Zögling fand sich bezeichnenderweise bei beiden im Programm: Friedrich Schiller.

Der hochbegabte Sohn des Wundarztes und Werbeoffiziers Johann Caspar Schiller ging auf die Lateinschule in Ludwigsburg und wollte später am Tübinger Stift Theologie studieren. Er war auf dem besten Weg dazu, als er den Spähern des Herzogs auffiel. Dieser wollte den Jungen unbedingt auf seiner neuen Schule sehen, doch die Familie widerstand zweimal seinem Ansinnen. Da ein herzoglicher Wunsch aber einem Befehl gleichkam, wurde »Fritz« nach der dritten Aufforderung im Januar 1773 und damit im Alter von 13 Jahren Zögling auf der Hohen Karlsschule. Jahrelang unterwarf er sich dem Willen des Herzogs, musste sich unterwerfen, und studierte brav zunächst Jura, dann Medizin. Einzig in Sachen Unreinlichkeit scheint er negativ aufgefallen zu sein und sich manches Strafbillett eingefangen zu haben. Nach seinem Schulabschluss sah er sich gezwungen, als Lazarettarzt in Stuttgart zu arbeiten. Die nächtlichen Stunden nutzte er für die einzige Tätigkeit, für die er brannte: das Schreiben. Sein erstes Werk, *Die Räuber*, erschien 1781 und wurde im Januar des darauffolgenden Jahres am Nationaltheater Mannheim uraufgeführt. Die Aufführung brachte ihm einen fulminanten Erfolg ein, aber auch einen Konflikt mit dem Herzog, was ihn schließlich zu neuen Ufern führte. Die Ironie des Schicksals wollte es, dass Schloss Solitude zu Beginn seiner Flucht in ein neues Leben noch einmal eine Rolle spielte.

Häufig reproduziert wurde die Tuschzeichnung von Schiller als Karlsschüler. Diese stammt aus der Silhouettensammlung des Karlsschulintendanten Chr. D. von Seeger.

Mitte September 1782 hatte sich hoher Staatsbesuch in Stuttgart eingefunden: Carl Eugens Nichte Sophie Dorothee, inzwischen als Maria Fjodorowna Ehefrau des russischen Thronfolgers Paul, und ihr Gatte weilten mit großem Gefolge in der Stadt. Ihnen zu Ehren sollte es auf Schloss Solitude eine große Jagd und am Abend des 22. September ein prachtvolles Fest

Auf der Zeichnung des Historienmalers und Illustrators Theobald von Oer fährt Schiller mit Andreas Streicher während der Flucht aus Württemberg an der hell erleuchteten Solitude vorbei und grüßt symbolisch seine Eltern.

mit Illumination geben. Alles war in Aufruhr, und da Schillers Regiment keinen Dienst am Stadttor hatte, schien der Zeitpunkt ideal: Friedrich Schiller flüchtete aus Stadt und Land nach Mannheim, genauer gesagt, er desertierte. Sein Freund Andreas Streicher, der ihn begleitete, erzählte die Geschichte detailreich und in Er-Form nach. Stuttgart musste in großem Bogen umfahren werden und dabei kam die frühere Schulstätte in den Blick:

Gegen Mitternacht sah man links von Ludwigsburg eine außerordentliche Röthe am Himmel, und als der Wagen in die Linie der Solitude kam, zeigte das daselbst auf einer bedeutenden Erhöhung liegende Schloß mit allen seinen weitläufigen Nebengebäuden sich in einem Feuerglanze, der sich in der Entfernung von anderthalb Stunden auf das Überraschendste ausnahm. Die reine, heitre Luft ließ alles so deutlich wahrnehmen, daß Schiller seinem Gefährten den Punkt zeigen konnte, wo seine Eltern wohnten, aber alsbald, wie von einem sympathischen Strahl berührt, mit einem unterdrückten Seufzer ausrief: »Meine Mutter!«

Dass Schiller sich laut Streicher beim Anblick der Solitude an seine Mutter erinnerte, kam nicht von ungefähr. Die Hohe Karlsschule war schnell zu klein geworden. Zunächst sollte in unmittelbarer Nähe des Schlosses ein größeres Schulgebäude erbaut werden, doch der Herzog hatte inzwischen sein

Interesse einem neuen Objekt zugewendet: Schloss Hohenheim. Als er zudem 1775 die Residenz wieder von Ludwigsburg nach Stuttgart zurückverlegte, ließ er auch die Hohe Karlsschule umziehen. Sie wurde in einem Gebäudekomplex hinter dem Neuen Schloss untergebracht, während die Orangerie auf Solitude neue Bewohner erhielt: Friedrich Schillers Familie.

Auf dem Gelände von Schloss Solitude gab es weitläufige und pflegeintensive Gartenanlagen. Zum einen war da der typisch kleinteilige Rokoko-Lustgarten mit Blumenbosketten, Heckentheater, Grotte und See, zum anderen gab es Obst- und Gemüsegärten. Hier befand sich ab 1775 das Wirkungsfeld von Johann Caspar Schiller. Der Offizier in Herzog Carl Eugens Diensten widmete sich in seiner Freizeit mit Begeisterung der Obstbaumzucht. Das Schreiben lag offenbar nicht nur seinem einzigen Sohn, sondern auch ihm. Allerdings begab er sich nicht auf das Feld der Dichtung, sondern auf das der Landwirtschaft. Die kannte er bestens, denn immerhin hatte er erst auf dem Acker gearbeitet, bevor er eine Lehre als Barbier und Wundarzt in Denkendorf absolvierte und im Anschluss daran als Soldat und Feldscher durch verschiedene Länder zog. 1767 und 1768 veröffentlichte er das mehrbändige Werk *Betrachtungen über Landwirthschaftliche Dinge in dem Herzogthum Würtemberg*, in dem er sich mit dem Acker- und Weinbau, der Vieh- und Baumzucht sowie den »ländlichen Gewerben« beschäftigte. Die Publikation konnte als sichtbares Zeichen von Johann Caspar Schillers Expertise genommen werden, und als er sich schließlich auch noch mit einem Memorandum an den Herzog wandte, hatte er Erfolg, er erhielt die Oberaufsicht über die Gartenanlagen auf Schloss Solitude und die herzogliche Baumschule. Nach eigener Aussage brachte er aus Ludwigsburg 4000 selbstgezogene Bäume mit, seine Baumschule galt im ausgehenden 18. Jahrhundert als die größte Baumschule Süddeutschlands. Von dort aus wurde auf Schillers Betreiben der Obstanbau im gesamten Herzogtum Württemberg gefördert. Seine Erkenntnisse legte er 1793 und 1795 in dem umfassenden Werk *Die Baumzucht im Großen* nieder. Es galt bis ins 20. Jahrhundert hinein als Standardwerk der Obstbaumzucht. Auch heute noch erscheinen viele seiner Gedanken als modern und zeitgemäß,

Johann Caspar Schiller, der Oberaufseher über die herzoglichen Gartenanlagen, auf einem Gemälde von Ludovike Simanowiz, 1793.

Heute sind die Kavaliershäuschen auf Schloss Solitude begehrte Domizile, für Johann Caspar Schiller und seine Familie bedeutete der Umzug aus der Orangerie in das vergleichsweise kleine Haus Nr. 16 einen Abstieg.

etwa wenn er im Vorwort im Sinne der Nachhaltigkeit argumentiert oder wenn er am Ende auf die Wirkung von Bäumen eingeht:

Allein bey der Übersicht des Ganzen können gar wohl noch Millionen Bäume und besonders an den Haupt- und Landstraßen füglich Platz finden, und Deutschland zu den angenehmsten Garten bilden.

[…] Der Anwuchs mehrern Holzes ist noch weit beträchtlicher und sicherer [als der nur von Obstbäumen] und hiernächst kömmt die Verschönerung eines Landes, und die Reinigung der Luft, die durch Besetzung der Landstraßen bewirkt werden, in billige Betrachtung.

Die Baumschule wurde nach dem Tod des Herzogs am 24. Oktober 1793 allmählich aufgegeben und teilweise nach Hohenheim verlegt. Johann Caspar Schiller und seine Familie mussten aus dem Obergeschoss der Orangerie ausziehen und in eines der vergleichsweise kleinen Kavaliershäuschen (Nr. 16) übersiedeln. Dort starb er ein halbes Jahr nach seiner Tochter Karoline Christiane am 7. September 1796 und wurde wie sie an der Gerlinger Petruskirche begraben.

Den Friedhof, der auf der Solitude heute noch besteht, gab es erst ab 1866. Auf dem kleinen idyllischen Areal, das direkt an der Straße nach Weilimdorf liegt, aber von Bäumen und Sträuchern abgeschirmt wird, sind mehrere berühmte Persönlichkeiten bestattet, so etwa John Cranko, die Eltern und ein Bruder von Richard von Weizsäcker, Robert Bosch jun. und Fritz von Graevenitz. Dass sich hier die Namen Weizsäcker, Bosch und Graevenitz nebeneinander wiederfinden, ist kein Zufall. Der Bildhauer und Maler Fritz von Graevenitz, dessen Herkunftsfamilie

Der Bildhauer Fritz von Graevenitz arbeitet im Winter 1930 auf dem Werkplatz seines Ateliers im Haus Solitude Nr. 24.

schon seit 1906 in einem der Kavaliershäuser gewohnt hatte, arbeitete von 1921 bis zu seinem Tod 1959 in einem Atelier, das sich auf der Gartenseite des Hauses Nr. 24 befand. Seine Schwester Marianne heiratete den Marineoffizier und Diplomaten Ernst von Weizsäcker und schenkte vier Kindern das Leben, darunter Carl Friedrich und Richard von Weizsäcker. Fritz von Graevenitz heiratete 1926 die Ärztin und Psychotherapeutin Jutta Baronesse Notthafft von Weißenstein. Auch aus dieser Ehe gingen vier Kinder hervor. Die älteste Tochter Irmgard wiederum heiratete Robert Bosch jun., der nach seinem Tod 2004 seine letzte Ruhestätte neben dem Schwiegervater und dem Ehepaar Weizsäcker fand.

Fritz von Graevenitz, der wegen seiner Haltung zum Nationalsozialismus sehr umstritten war und immer noch ist, hatte zudem eine jüngere Schwester, Elisabeth, die 1923 mit nur neunzehn Jahren verstarb. Die Trauer um die Schwester scheint ihn nicht mehr losgelassen zu haben. Immer wieder gestaltete er ihre Gesichtszüge in seinen Skulpturen. Im Garten des 1971 auf Solitude eingerichteten Museums Fritz von Graevenitz ❾ ist eine dieser entrückt wirkenden Statuen zu sehen. Es handelt sich um die erste Version der »schönen Lau«, jener unglücklichen Wasserfrau im Blautopf, die Eduard Mörike in seinem Märchen *Historie von der schönen Lau* verewigte. Die Statue war von der Stadt Blaubeuren in Auftrag gegeben worden, der erste Entwurf hatte den Stadtvätern allerdings aufgrund seiner Freizügigkeit nicht zugesagt. Der zweite wurde umgesetzt, die 1969 aufgestellte Skulptur beeindruckt heute die Besucher des Blautopfs, der erste Entwurf die des Graevenitz-Museums auf Solitude.

Das Graevenitz-Museum fand in einem der letzten Gebäude eine Heimat, die vom ehemaligen Monumentplatz und damit von der berühmten Militärakademie noch stehen. In einem anderen Teil des Schlosskomplexes ist seit 1990 eine Einrichtung untergebracht, die in gewisser Weise in der Tradition der Hohen Karlsschule gesehen wird, aber doch etwas anderes, etwas Eigenständiges ist: die Akademie Schloss Solitude. Mit ihrem Artist-in-Residence-Programm fördert sie Künstler und Wissenschaftler und will laut ihrer Website »im Einklang mit der Lage und Geschichte des Schlosses« ihren »Gästen Rückzugsort und Freiraum für Kunst und Leben sein«. Die zu ihr gehörenden Kavaliersgebäude dienen einerseits als Wohnungen für die Stipendiatinnen und Stipendiaten aus den Sparten Architektur, bildende Kunst, darstellende Kunst, Design, Literatur, Musik/Klang und Video/Film/Neue Medien, andererseits stellen sie Räume für Ausstellungen, Theaterstücke, Lesungen und Konzerte bereit. In der Schriftenreihe *Edition Solitude* werden Werke der Geförderten publiziert, und das englischsprachige Onlinemagazin *Schlosspost* erlaubt manchen Blick hinter die Schlossmauern. Unter den Schriftstellerinnen und Schriftstellern, die im Laufe der fast 30 Jahre durch ein solches Stipendium in die »Einsamkeit« von Schloss und Park eingeladen wurden, finden sich bekannte Namen wie die von Karen Duve, Terézia Mora und Werner Fritsch. Der in Berlin lebende Autor wurde nicht nur mit zahlreichen bedeutenden Preisen geehrt, sondern hat auch mindestens drei Dinge mit Friedrich Schiller gemeinsam: familiäre Wurzeln in der Oberpfalz, denn der älteste bekannte Vorfahr Schillers stammt aus der Gegend, in die Fritsch hineingeboren wurde, Uraufführungen am Nationaltheater Mannheim und davor den Akademiebesuch auf Schloss Solitude. Fritschs Aufenthalt fand allerdings unter sehr viel angenehmeren Vorzeichen statt als der seines Vorgängers aus dem 18. Jahrhundert und war auch wesentlich kürzer. Selbst wenn Schiller auf der Akademie Kontakte fürs Leben schloss und in vielerlei Hinsicht von dem Schulbesuch profitierte, hätte er sicher kein Resümee gezogen wie Werner Fritsch: »Tempi passati! Tempi illuminati! Wunderbare Zeit ohne Sorgen. Tolle Leute kennengelernt, mit manchen noch immer in Arbeits- oder Freundschafts-Alchemie. Insgesamt eines der wenigen Stipendien, die wirklich was ermöglichen.«

Der erste Entwurf der von Fritz von Graevenitz gestalteten Schönen Lau nach dem Märchen von Mörike steht auf der Solitude.

Stuttgart

Oben und unten idyllisch zur Ruhe gebettet

In Wilhelm Hauffs Erfolgsroman *Lichtenstein*, den er 1826 in zwei Teilen veröffentlichte, muss am Ende Herzog Ulrich von Württemberg fliehen, da er vernichtend vom Schwäbischen Bund geschlagen wurde. Am Tag nach der Schlacht, in der die gleichnamige Stammburg der Württemberger auf dem Rotenberg in Flammen aufging, wacht Ulrich aus einem wunderschönen Traum auf, in dem er sich noch einmal auf Grund und Boden seiner Stammburg befunden hat.

[…] ich sah herab auf das schöne Neckarthal. Der Fluß zog wie sonst in schönen blauen Bogen hin; aber das Thal und die Berge schienen mir lieblicher, glänzender, die Wälder auf den Höhen waren verschwunden, die Wiesen waren nicht mehr, sondern von Berg zu Berg zog sich e i n großer Garten voll grüner Reben, und im Thal sah man Obstbäume und schöne blühende Gärten ohne Zahl.

Verwundert nimmt er »den tiefen Frieden des Thales« wahr und auf dem gegenüberliegenden Hügel ein Schloss, das ohne Türme, Mauern, Zinnen und Zugbrücke unverteidigt dasteht: Schloss Rosenstein, wie die damaligen Leser auch ohne Nennung des Namens wussten. Die wehrhaften Mauern der Stammburg waren ebenfalls verschwunden, was Ulrich nicht verwundert, er hatte sie ja am Vortag stürzen sehen. Das, was er stattdessen sieht, überrascht und fasziniert ihn dann aber doch:

Kein Stein von Würtemberg war mehr zu sehen; aber ein Tempel stand dort mit Säulen und Kuppel, wie man sie in Rom und Griechenland findet. Ich dachte nach, wie Dies alles auf einmal so habe kommen können, da gewahrte ich Männer in fremder Kleidung, die nicht weit von mir standen und auf das Land hinab schauten.

Der eine dieser Männer zog vor den übrigen meine Aufmerksamkeit auf sich; er hatte einen schönen Knaben an der Hand, dem er das Thal zu seinen Füßen, und die Berge umher, und den Fluß und die Städte und Dörfer in der Nähe und Ferne zeigte. Ich betrachtete den Mann, er trug die Züge meines Bruders Ge-

Wo einst die Stammburg des Hauses Württemberg stand, befindet sich seit fast 200 Jahren ein besonderer Wallfahrtsort: die von Giovanni Salucci zu Ehren der als Wohltäterin verehrten Königin Katharina erbaute Grabkapelle.

org, und es war mir, als müsse er zum Stamm meiner Ahnen gehören und ein Würtemberg sein; er stieg mit dem Knaben den Berg hinab in's Tal, und die andern Männer folgten ihm in ehrerbietiger Entfernung; den letzten hielt ich auf und frage ihn: wer Jener gewesen sei, der dem Knaben das Land gezeigt habe. »Das war der König«, sagte er und stieg mit den anderen den Berg hinab.

Wilhelm Hauff hat Herzog Ulrich einen Blick in die 20er-Jahre des 19. Jahrhunderts tun lassen. Württemberg war durch Napoleons Gnaden 1806 zum Königreich aufgestiegen. Zur Zeit der Abfassung von Hauffs *Lichtenstein*-Roman wurde es von Wilhelm I. regiert, dem 1823 der Sohn und Thronfolger Karl geboren worden war. Er hatte die ruinöse Stammburg der Württemberger abtragen lassen,

König Wilhelm I. auf einem kolorierten Aquatintablatt, das nach einem 1821 entstandenen Gemälde Joseph Joachim von Schnizers anfertigt wurde.

Königin Katharina auf einer Lithografie des in Bernhausen geborenen Kupferstechers Johann Gotthard Müller aus dem Jahr 1817.

um auf dem Rotenberg für alle weithin sichtbar ein Mausoleum für seine zweite Gattin zu bauen – die kurz vor ihrem 31. Geburtstag verstorbene Königin Katharina. Es ist jenes von Ulrich erwähnte tempelartige Gebäude, das an Rom und Griechenland erinnert. Zwischen 1820 und 1824 war es vom Hofbaumeister Giovanni Salucci im Stil von Andrea Palladios Villa Rotonda errichtet worden. Hätte Hauff seinen Herzog Ulrich einen Blick in die ersten beiden Dekaden des 21. Jahrhunderts werfen lassen können, wäre dieser vermutlich noch verwunderter gewesen. Sicher hätten ihn nicht nur die massive Bebauung des Neckartals und die Ausdehnung Stuttgarts überwältigt, sondern auch die vielen Besucher, die an schönen Tagen auf den Rotenberg – seit 1907 offiziell in »Württemberg« umbenannt – pilgern. Die Grabkapelle ⑩, die frei inmitten von Weinbergen steht, gehört heute zu den beliebtesten Ausflugszielen der Region. Das über dem Haupteingang angebrachte Zitat »Die Liebe höret nimmer auf« aus dem 1. Korintherbrief dürfte die am häufigsten fotografierte Inschrift weit und breit sein. Mit der Liebe des Königs zu seiner Gattin war es allerdings so eine Sache.

Wilhelm war in erster Ehe mit der Wittelsbacher Prinzessin Charlotte Auguste von Bayern verheiratet gewesen, die er restlos ablehnte. Kurz nach der Annullierung dieser Verbindung, die kinderlos geblieben war, ehelichte er am 24. Januar 1816 in Sankt Petersburg die verwitwete Katharina Pawlowna Romanowa, die am 21. Mai 1788 in Zarskoje Selo als Tochter des 1801 ermordeten Zaren Paul I. und seiner Frau Maria Fjodorowna zur Welt gekommen war. Letztere hieß ursprünglich Sophie Dorothee, war die Schwester König Friedrichs I. von Württemberg und somit die Tante ihres Schwiegersohns. Die Ehe zwischen der Zarentochter und ihrem Cousin, dem Thronfolger aus dem deutschen Südwesten, war auf dem Wiener Kongress 1815 arrangiert worden. Wenige Monate nach der Trauung und der Ankunft Katharinas in ihrer neuen Heimat starb ihr Schwiegervater König Friedrich I., Wilhelm erhielt als König Wilhelm I. die Krone.

Die beiden kamen in einer Zeit größter Not auf den Thron. 1815 war in Indonesien der Vulkan Tambora ausgebrochen, die Eruptionssäule hatte mehr als 25 Kilometer in den Himmel gereicht. Die gigantische Staub- und Aschewolke, die in der Folge über die Nordhalbkugel und vor allem auch Württemberg zog, ließ das Krönungsjahr 1816 zu einem Jahr ohne Sonne werden. Es kam zu Missernten und Hungersnöten, die Gefahr einer Hungerrevolte war in diesem und im nächsten Jahr allgegenwärtig. Obwohl Katharina in schneller Folge zwei Mädchen das Leben schenkte und aus erster Ehe zwei Jungen mitgebracht hatte, stürzte sie sich sofort in die Arbeit, um diese Not lindern zu helfen. Zusammen mit dem König, ihren Beratern und nicht zuletzt dank ihres großen Vermögens initiierte sie im ganzen Land Wohlfahrtsvereine, die sie unter eine »Zentralleitung« stellte, das heutige Wohlfahrtswerk Baden-Württemberg geht auf diese zurück. Das Gesundheitswesen wollte sie unter anderem durch den Bau von Krankenhäusern fördern, das Katharinenhospital, das einige Jahre später eingeweiht wurde, ist

Die zum Abschluss des Baus über dem Hauptportal der Grabkapelle angebrachten Bibelworte wurden bereits in der Leichenpredigt Katharinas zitiert. Sie spiegeln einmal mehr die Stilisierung des Monuments zum Denkmal der Liebe.

Die ersten Räumlichkeiten wurden schnell zu klein, deshalb zog das Katharina-Stift in die Friedrichstraße 34/Ecke Schlossstraße um. Hier auf einem um 1850 entstandenen Stahlstich von Theodor Rausche.

Frucht dieser Bemühungen. Auch die erste gemeinnützige Bank, als Württembergische Spar-Casse Vorläuferin der Württembergischen Landesbank, das erste landwirtschaftliche Institut, heute die Universität Hohenheim, und die erste höhere Mädchenschule des Landes, das Königin-Katharina-Stift, gehen auf ihre Bemühungen zurück. Ihren Bruder, den Zaren Alexander I., veranlasste sie, günstiges Getreide zu liefern und den Schwaben die Auswanderung beziehungsweise Ansiedlung in Russland zu ermöglichen. Sie war nicht unumstritten, aber ein großer Teil ihres Volkes liebte Katharina und verehrte sie. Nach ihrem frühen Tod wurde sie fast zur Heiligen stilisiert. Die Grabkapelle auf dem geschichtsträchtigen Rotenberg war Teil dieser Stilisierung, die gerade auch von König Wilhelm I. befördert wurde.

War es Kalkül, um die Beziehung zu Russland und seine eigene Macht nicht zu gefährden, schlechtes Gewissen oder wahre Liebe, was den Witwer so handeln ließ? Tatsache ist, dass er offenbar kein treuer Ehemann war und gemunkelt wurde, Katharinas Tod stehe damit in Zusammenhang – eine gefährliche Behauptung, die entkräftet werden musste. Am 4. Januar 1819 war die Königin bei nasskaltem Winterwetter nach Scharnhausen gefahren, wo das Haus Württemberg ein Gestüt besaß, zu dem ein kleines Schloss gehörte. In

Carl Eugen ließ 1784 am Rand von Scharnhausen vom Hofbaumeister Fischer ein Lustschlösschen erbauen. König Wilhelm I. legte daneben ein Gestüt an und traf sich im Januar 1819 hier wohl mit seiner Geliebten.

der offiziellen Version hieß es, der König und sie seien zusammen in der Kutsche gesessen, die Schriftstellerin und Journalistin Therese Huber, die in sehr engem Kontakt zu Hofkreisen stand und normalerweise sehr gut unterrichtet war, schreibt dagegen in einem Brief, dass die Königin allein unterwegs gewesen sei.

Den Sonntag – oder diesen Samstag – (nach den im Anhang gegebenen Aufzeichnungen war es Montag, den 4. Januar) fuhr sie auf der offenen Droschke nach Scharnhausen und stieg im tiefen Morast dem Gestüt nach, so daß man ihr die Stiefel von den Füßen schneiden mußte vor Nässe.

Heute geht man davon aus, dass diese Version die richtige ist. Der König hat sich im Scharnhauser Schlösschen offenbar mit der Hofdame Blanche de la Flèche, Baronin Keudelstein, getroffen, mit der er ein intimes Verhältnis unterhielt. Die gesundheitlich bereits angeschlagene Katharina wollte die beiden vermutlich in flagranti erwischen, und möglicherweise ist es ihr gelungen – ein Unternehmen mit Folgen.

Da holte sie sich ein Katarrfieber. Am Donnerstag zeigte sich Geschwulst im Gesicht; aber alles blieb so ungefährlich, daß Jäger und Ludwig (die Leibärzte) an keine Konsulte dachten. Freitag, wo sich die Rose erklärt hatte, schickte man zu

Hardegg nach Ludwigsburg und ließ ihm sagen, Samstag früh herein zu kommen – so ruhig war man.

Es war eine trügerische Ruhe, obwohl am Samstagmorgen des 9. Januar um 7 Uhr noch bei vollem Bewusstsein, war Katharina eine Stunde später verstorben – laut Obduktionsbericht an Grippe, Gesichtsrose und einem Schlaganfall. Das Land war entsetzt, auch darüber berichtet Therese Huber in ihrem Brief.

Der darauf folgende Auftritt läßt sich denken. Ein solches Grabgeleit erhalten wenige Fürsten. Allgemeiner Schmerz. Ins Institut der Töchter [Königin-Katharina-Stift] kam die Nachricht des Todes, da die Kinder fast wieder ihren Besuch erwarteten. Die 180 Kinder eilten weinend über die Gassen.

Katharina wurde mit allem Glanz, der einer Zarentochter und Königin gebührte, und nach vorausgegangenem griechisch-orthodoxem Zeremoniell am

An der Stirnseite des aus wertvollem Carrara-Marmor gestalteten Doppelsarkophags von Katharina und Wilhelm I. ist ein Blumen- und Blütenkranz angebracht, der auf die Rolle des Paares als Ernährer des Volkes verweist.

14. Januar in der fürstlichen Gruft der Stuttgarter Stiftskirche vorläufig beigesetzt. Zu Lebzeiten hatte sie sich gerne im Landschloss Bellevue aufgehalten, das unter Friedrich I. am Fuß des Kahlenstein, des heutigen Rosenstein, erbaut worden war. Nach ihrem Tod wurde es nicht mehr genutzt und 1843 im Zuge des Baus der Wilhelma abgerissen. Es stand etwa an Stelle des heutigen Parkhauses, sein Garten ging in die Wilhelma ein. Von Bellevue aus hatte Katharina, der Name sagt es bereits, einen herrlichen Blick, unter anderem zur Ruine auf dem Rotenberg. Die Lage der alten Stammburg hatte es ihr offenbar angetan, zumindest wollte sie später dort bestattet werden. Wilhelm I. trug diesem Wunsch Rechnung und begann nach ihrem Tod sofort mit den Planungen für die Grabkapelle. 1824 wurden die sterblichen Überreste der Königin in die schlicht gehaltene Krypta des klassizistischen Gebäudes umgebettet. Außer ihr durften entsprechend seiner Verfügung nur noch der König selbst und die beiden gemeinsamen Töchter Marie und Sophie hier bestattet werden. Während Sophie als Königin der Niederlande in Delft ihre letzte Ruhestätte fand, wurde Marie tatsächlich in der Grabkapelle beigesetzt, ebenso Wilhelm, der seine zweite Frau und sich in einen Doppelsarkophag aus feinstem Carrara-Marmor betten ließ.

Die Bestsellerautorin Petra Durst-Benning verlegte in ihrem Roman *Die Zuckerbäckerin* die Aufbahrung Katharinas in die Grabkapelle und lässt ihre Protagonistin, die Zuckerbäckerin Eleonore, Abschied nehmen:

Mit unsicheren Schritten ging Eleonore auf den runden, kuppelförmigen Bau zu, in dem der Sarkophag mit der Königin aufgebahrt worden war. Der Geruch von Weihrauch und Myrrhe kratzte unangenehm in ihrer Nase, und trotzdem wurde es Eleonore beim Betreten der Grabkapelle leichter ums Herz: Die Schlichtheit des Baus, die schmucklosen Wände, die von keinerlei Reliefarbeiten geziert wurden, hätten Katharina gefallen. Auch, daß ihr Grab nicht mit Blumen, sondern mit einem Kranz aus Früchten bedeckt worden war. Daneben lag ein dicker, cremefarbener Bogen Papier, vollgeschrieben mit ebenmäßigen Schriftzügen. Um den Augenblick des Abschieds so lange wie möglich hinauszuzögern, las Eleonore Zeile für Zeile des Gedichts, immer wieder.

Das Gedicht stammt von Ludwig Uhland und ist mit *Katharina* überschrieben. In den letzten beiden Strophen tritt die Muse an den Sarg der Königin:

»Nimm hin, Verklärte, die du früh entschwunden!
Nicht Gold noch Kleinod ist dazu verwendet,
Auch nicht aus Blumen ist der Kranz gebunden
(In rauher Zeit hast du die Bahn vollendet),
Aus Feldesfrüchten hab' ich ihn gewunden,
Wie du in Hungertagen sie gespendet;
Ja, gleich der Ceres Kranze flocht ich diesen,
Volksmutter, Nährerin, sei mir gepriesen!«
Sie spricht's – und aufwärts deutet sie, da weichen

Der Halle Bogen, die Gewölke fliehen.
Ein Blick ist offen nach des Himmels Reichen,
Und droben sieht man Katharinen knieen;
Sie trägt nicht mehr der ird'schen Würde Zeichen,
Sie ließ der Welt, was ihr die Welt geliehen,
Doch auf die Stirne fällt, die reine, helle,
Ein Lichtstrahl aus des Lichtes höchstem Quelle.

Als verklärte Nährmutter ihres württembergischen Volkes, darauf deutet auch die Blüten- und Früchtegirlande auf dem Sarkophag, sollte Katharina der Nachwelt im Gedächtnis bleiben. Wilhelm sorgte nicht zuletzt durch die Vernichtung von Katharinas Korrespondenz, soweit er diese ausfindig machen und erhalten konnte, und den Bau der Grabkapelle dafür, dass er und seine zweite Frau als liebendes und harmonisch miteinander zum Wohl des Landes tätiges Ehepaar in die Geschichte eingingen. Kein Wunder, dass das Mausoleum gerade auch auf Liebende magische Anziehungskraft besitzt. Da der überkuppelte Innenraum mit den beherrschenden Kolossalstatuen der vier Evangelisten bis heute als russisch-orthodoxes Gotteshaus genutzt wird, schloss manches Paar dort den Bund der Ehe. So etwa Wassili Andrejewitsch Schukowski (1783–1852), der als Dichter und vor allem Übersetzer, darunter von Werken Schillers, berühmt wurde. 1819 verfasste er eine Elegie auf Katharinas Tod, 1826 wurde er zum Hauslehrer ihres Neffen, des späteren Zaren Alexander II., berufen, den er viele Jahre hindurch maßgeblich beriet. 1841 verließ er aufgrund seiner angegriffenen Gesundheit den russischen Hof und übersiedelte nach Frankfurt am Main. Im selben Jahr heiratete er Elisabeth von Reutern, Tochter des Malers und Goethe-Freundes Gerhardt Wilhelm von Reutern. An den Schriftstellerkollegen Faddei Bulgarin schrieb er am 21. Mai / 2. Juni 1846:

An diesem Tage vor fünf Jahren fuhren zwei Wagen einen Berg hinauf, Rothenberg genannt, der sich über dem Städtchen Cannstatt erhebt. In einem derselben saß ein einarmiger Invalide mit einem zweiarmigen Poeten, in dem andern aber eine bejahrte Damen mit zwei reizenden Töchtern; der Invalide war der Mann dieser Dame, der zweiarmige Poet aber war der Bräutigam der älteren Tochter. Es war drei Uhr nachmittags. Auf dem Rothenberg war eine russische Kirche über dem Staub der Königin von Württemberg, Katharina von Rußland. Es war ein wunderschöner Tag. In der Kirche wurde die Trauung still und andächtig vollzogen.

Er erzählt weiter, dass am Fuß des Berges die Zeremonie in protestantischem Ritus wiederholt wurde. Fünf Jahre später ist er sich sicher, seitdem

Der russisch-orthodoxen Anforderungen entsprechende Kapellenraum der Grabkapelle besticht durch seine klassizistische Eleganz und die monumentale Kuppel.

»das wahre Leben kennen gelernt« zu haben, »dessen Geheimnis in dem Heiligtum der Familie verschlossen liegt«.

Sein Landsmann Fëdor Ivanovič Tjutčev (1803–1873) scheint ebenfalls auf dem Rotenberg gewesen zu sein. Der Dichter und Diplomat war unter anderem bei der russischen Gesandtschaft in München tätig und dürfte in diesem Zusammenhang die württembergische Residenz besucht haben. Dass eine Fahrt zu jenem Ort auf dem Programm stand, an dem die Zarentochter Katharina bestattet war, ist sehr wahrscheinlich. Sein Gedicht über den Rotenberg, das etwa 1835 verfasst und 2002 in einer Gedichtsammlung von Ludolf Müller herausgegeben wurde, der es auch ins Deutsche übertragen hat, resultiert zumindest allem Anschein nach aus eigenem Erleben.

Im Tal der Fluß. Auf steilen Hügeln
An seinen Ufern wächst der Wein,
Und auf des Abendwindes Flügeln
Ziehn Wolken hell im Sonnenschein.
Des Wandrers Blick, emporgehoben
Vom grünen Tal ins Himmelsblau,
Sieht auf dem Bergesgipfel droben
Der runden Kirche lichten Bau.

Hier kam zur Ruh' der Strom des Lebens,
Hier ist der Toten ernste Gruft,
Hier ist das Ziel des Erdenstrebens,
Und leicht und rein ist hier die Luft.
Still scheint hier die Natur zu lauschen
Auf ihres eignen Herzens Schlag,
Und Wind und Fluß und Bäume rauschen
Ein Lied vom ew'gen Feiertag.

Ein Mausoleum mitten in der Natur entsprach dem Bedürfnis der Romantiker, doch die meisten Mitglieder aus Herrscherhäusern fanden ihre letzte Ruhe in den Familiengruften von Kirchen und Schlössern. Die übrige christliche Bevölkerung wurde im Kirchhof bestattet; in Städten allerdings wurden seit den Pestzeiten aus Hygiene- und Kapazitätsgründen Friedhöfe außerhalb des bewohnten Gebiets angelegt. So verhält es sich auch mit dem heute ältesten Friedhof im Innenstadtbereich Stuttgarts, dem Hoppenlaufriedhof ⓫. 1622, während der Pest, bekam die Hospitalkirche von Johann Kercher nordwestlich der Stadt im Gewann Hoppenlau ein Grundstück geschenkt, auf dem sie einen Friedhof anlegen sollte. Vier Jahre später wurde dieser in Betrieb genommen, das erste Grab gehörte dem Spender. Im Lauf der Jahrhunderte wurde das Gelände immer wieder erweitert, unter anderem 1834 um den ersten israelitischen Friedhof des Landes. Doch die Stadt wuchs und wuchs, neue Friedhöfe kamen hinzu, etwa im Süden der Fangelsbach-Friedhof und im Norden der Prag-Friedhof, sie machten die alten, inzwischen von Wohnbauten eingeholten Anlagen überflüssig. 1880 wurde im christlichen Teil des Hoppenlaufriedhofs die letzte Erdbestattung vorgenommen, danach waren für einige Zeit nur noch Urnenbestattungen in bestehenden Familiengräbern erlaubt. Der israelitische Friedhof wurde 1882 geschlossen. Rund 70 000 Menschen hatten in den beiden Friedhöfen ihre letzte Ruhestätte gefunden. Nach seiner Auf-

Nur noch ein kleiner Teil der Grabsteine auf dem Hoppenlaufriedhof ist heute erhalten. Sowohl im christlichen (links) als auch im israelitischen (rechts) Teil des Friedhofs standen die Grabmale einst in dichten Reihen.

hebung war der Hoppenlaufriedhof einem wechselhaften Schicksal ausgesetzt. Immer wieder stand er in Gefahr, aufgelöst zu werden, eine Gefahr, die knapp abgewendet werden konnte. Die Stadtplaner beschnitten ihn massiv, so fiel der älteste Teil dem Studentenwohnheim zum Opfer. Von den Tausenden von Grabmalen sind nur noch etwa 1600 erhalten. Glücklicherweise wurde inzwischen der kulturhistorische Wert des Friedhofs erkannt, und so werden die stark in Mitleidenschaft gezogenen Grabsteine derzeit aufwändig restauriert. Heute ist der ehemalige Friedhof eine denkmalgeschützte Grünanlage inmitten der Großstadt. Ein Spaziergang zwischen den ehemaligen Gräbern und hohen Bäumen, die Begegnungen mit Eichhörnchen und Vögeln lassen fast vergessen, dass es sich vor noch gar nicht so langer Zeit um einen Ort der Trauer und des Leids handelte.

Doch auch auf Abbildungen des Friedhofs aus der ersten Hälfte des 19. Jahrhunderts fühlt man sich in eine Idylle versetzt. Zwar stehen die Grabsteine dicht an dicht, doch sie werden von Bäumen und Sträuchern eingerahmt, hinter denen sich ein herrliches Panorama öffnet. Der Blick kann über die Hügellandschaft schweifen und bleibt an einem einzigen Gebäude hängen, dem in unmittelbarer Nähe liegenden klassizistischen Katharinen-

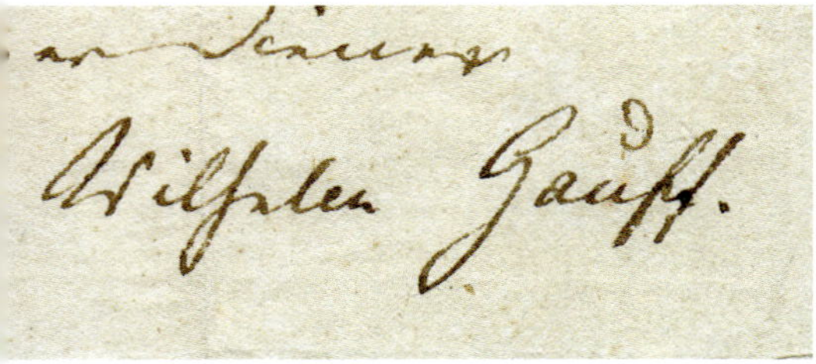

Der jung verstorbene Wilhelm Hauff gehört zu den prominentesten Literaten auf dem Hoppenlaufriedhof.

Ein Felsstück vom Lichtenstein und Efeu vom Eingang zur Nebelhöhle erinnern die Besucher von Wilhelm Hauffs Grab an dessen bedeutendstes Werk.

hospital. Dieses wurde am neunten Todestag Königin Katharinas, dem 9. Januar 1828, eingeweiht. Kurz zuvor war auf dem Hoppenlaufriedhof jener Dichter zu Grabe getragen worden, der Herzog Ulrich im Traum den visionären Blick von der Grabkapelle hatte tun lassen: Wilhelm Hauff. Er hatte bei der Abfassung des *Lichtenstein* nicht ahnen können, dass er selbst das Alter der Königin nicht erreichen sollte.

In seinem letzten Lebensjahr befand sich Hauff in einer äußerst glücklichen Lage. Alles, was er anpackte, schien von Erfolg gekrönt zu sein. Er war in kurzer Zeit zum gefeierten Bestsellerautor aufgestiegen, von den Verlegern umworben, voller Ideen, Kreativität und Energie. Am 13. Februar 1827 heiratete er seine Cousine Louise Hauff und sah schon kurz danach Vaterfreuden entgegen. Plötzlich jedoch fing er zu kränkeln an, eine kleine Gallenkolik, weiter scheinbar nichts. Besserung erhoffte er sich von einer Reise nach Tirol im August, wo er für einen geplanten Andreas-Hofer-Roman recherchieren und die Originalschauplätze besuchen wollte. Nach seiner Rückkehr fühlte er sich jedoch noch schlechter, war appetit- und antriebslos. Auch der Tod eines Tübinger Freundes, der an den Folgen eines Sturzes gestorben war, machte ihm zu schaffen. Anfang November schien sich Besserung zu zeigen, Hauff konnte das Haus wieder verlassen. Doch der Rückschlag ließ nicht auf sich warten: Atembeschwerden traten ein. Hauff verfiel in Delirien mit immer kürzer werdenden klaren Momenten; die vorzeitige Geburt seiner

Tochter am 10. November konnte er gerade noch wahrnehmen. Er spürte, dass es um Leben und Tod ging, und bat seine Mutter, ihm die Augen zuzudrücken. Mehrmals nahm er von seinen Verwandten Abschied, und eines seiner letzten Worte lautete: »22 und 25 Jahre, ein braves, liebes Weib, die schönsten Aussichten und alles dies vorbei.« Er sollte Recht behalten, am 18. November 1827 – 11 Tage vor seinem 25. Geburtstag – schloss er für immer die Augen. Ein Freund berichtet:

Der Todeskampf war hart und lang […]. Bei der Sektion zeigte sich das Herz zu klein und die Milz zu groß; im Hirn hatte sich durch die Krankheit eine Verhärtung gebildet; sonst fand man aber nichts, so daß man die Gewißheit erhielt, Hauff sei einzig an seiner letzten Krankheit gestorben …

Diese letzte Krankheit wird im Totenregister als Schleim- und Nervenfieber bezeichnet, man nimmt an, dass es eine Lungen- oder Gehirnhautentzündung infolge einer vorhergehenden Magen-Darm-Infektion war. Auch der Verdacht einer falsch behandelten Salmonellenvergiftung steht im Raum. Die Teilnahme war »groß und allgemein, hier und im ganzen Lande«, wie ein Freund Hauffs schrieb. Während der Beisetzung trug Gustav Schwab »im Namen der Freunde« das Gedicht *O heller Tage dunkles Ende, Tod* vor. In einer Sammlung von Trauergedichten, die Hauffs Verleger Franckh herausgab, findet sich Ludwig Uhlands Gedicht *Auf Wilhelm Hauffs frühes Hinscheiden*:

Dem jungen, frischen, farbenhellen Leben,
Dem reichen Frühling, dem kein Herbst gegeben,
Ihm lasset uns zum Totenopfer zollen
Den abgeknickten Zweig – den blütevollen!

Noch eben war von dieses Frühlings Scheine
Das Vaterland beglänzt. – Auf schroffem Steine,
Dem man die Burg gebrochen, hob sich neu
Ein Wolkenschloß, ein zauberhaft Gebäu.
Doch in der Höhle, wo die stille Kraft
Des Erdgeists rätselhafte Formen schafft:

Am Fackellicht der Phantasie entfaltet,
Sahn wir zu Heldenbildern sie gestaltet;
Und jeder Hall, in Spalt' und Kluft versteckt,
Ward zu beseeltem Menschenwort erweckt.

Mit Heldenfahrten und mit Festestänzen,
Mit Satyrlarven und mit Blumenkränzen
Umkleidete das Altertum den Sarg,
Der heiter die verglühte Asche barg;
So hat auch er, dem unsre Träne taut,
Aus Lebensbildern sich den Sarg erbaut.

Die Asche ruht – der Geist entfleugt auf Bahnen
Des Lebens, dessen Fülle wir nur ahnen,
Wo auch die Kunst ihr himmlisch Ziel erreicht
Und vor dem Urbild jedes Bild erbleicht.

Uhland spielt darin auf den Roman *Lichtenstein* und die gleichnamige Burg an sowie auf die Nebelhöhle, die als (fiktives) Versteck Herzog Ulrichs eine entscheidende Rolle im Roman spielt. Auf diesen für Hauff und das Selbstverständnis des ganzen Landes so wichtigen Roman sollte dann auch das Grab hinweisen. Die Freunde bedeckten es mit einem Felsstück vom Lichtenstein und pflanzten Efeu vom Eingang der Nebelhöhle darauf. Eine Lyra spielte auf Hauffs Profession an, sie wurde in der Zeit nach dem Zweiten Weltkrieg vermutlich von Altmetalldieben entwendet und 1952 durch eine neue ersetzt. 1845 wurde hier auch Hauffs Tochter Wilhelmine beigesetzt, die nur 18 Jahre alt wurde, und 1867 seine Witwe. Auch sein Bruder Hermann, der nach Wilhelm Hauffs Tod die alleinige Redaktion von Johann Friedrich Cottas Zeitung *Morgenblatt für gebildete Stände* übernommen und bis zu seinem Tod 1865 weitergeführt hat, liegt auf dem Hoppenlaufriedhof begraben.

Die Hauff-Brüder sind nicht die einzigen Literaten. Auf der in den 1970er-Jahren eingerichteten, inzwischen allerdings nicht mehr als solche existierenden Schwäbischen Dichterstraße war auch der Hoppenlaufriedhof eingezeichnet, was auf den ersten Blick verwundern mag. Untersucht man die Gräberfelder genauer, wird schnell klar, dass hier kein geringer Teil derjenigen ihre letzte Ruhestätte gefunden hat, die im ausgehenden 18. Jahrhundert und in der ersten Hälfte des 19. Jahrhunderts in der schwäbischen Literaturszene Rang und Namen besaßen. Umfassend wurde dies von Udo Dieckenberger sowie Waltraud und Friedrich Pfäfflin dokumentiert, die den Hoppenlaufriedhof zu Recht als »steinernes Literaturmuseum« bezeichnen.

Nicht alle Mitglieder dieses Literaturmuseums haben das Glück, eine derart gepflegte und gut erhaltene Grabstätte zu besitzen wie Wilhelm Hauff, um dessen Grab sich der Wilhelm-Hauff-Chorverband Stuttgart e. V. kümmert. Wo zum Beispiel Christian Friedrich Daniel Schubart beerdigt wurde, wissen wir nicht. Der Dichter und Komponist, der nicht nur durch seine künstlerischen Leistungen und Werke wie *Die Forelle*, *Die Fürstengruft* oder die *Deutsche Chronik* in Erinnerung blieb, sondern auch durch seine auf reiner Herrscherwillkür basierende zehnjährige Haft auf dem Hohenasperg, scheint dieses Ende vorausgeahnt zu haben. Während er als junger Lehrer in Geislingen an der Steige tätig war und nichts von seinen späteren Verwicklungen in die Politik des Landes und die Ränkespiele der Mächtigen ahnte, schrieb er: »Aber steigen Sie einmal auf den Geislinger Kirchhof, wann ich bereits drauf modere, und Sie werden unter hundert zertrettenen Gräbern mein Grab mißkennen.« Nicht der Geislinger, sondern der Hoppenlaufriedhof sollte den am 24. März 1739 in Obersontheim geborenen und am 10. Oktober 1791 in Stuttgart Verstorbenen am Ende seines turbulenten Lebens aufnehmen, aber ansonsten behielt er Recht. Sein Biograf David Friedrich Strauß weiß rund fünfzig Jahre später zu berichten, dass Schubart zwei Tage nach seinem Tod auf dem »äußern Spitalkirchhofe«, eben dem Hoppenlaufriedhof, beigesetzt wurde, doch: »Kein Denkmal bezeichnet sein Grab (obgleich Dannecker eines im Kleinen modellirte), ja selbst die Stelle ist nicht mehr zu finden.«

Um Schubarts Tod und Beerdigung rankt sich ein Gerücht, das Strauß noch aus seiner Kinderzeit kannte. Der Totengräber habe »durch ein unterirdisches Getöse« oder auch aus einem anderen Grund Schubarts Sarg noch einmal öffnen müssen und Schreckliches vorgefunden: »Schubart auf dem Bauche liegend, mit blutig gekratzten Nägeln, aber entseelt«. Die schaurige Erzählung deutet auf eine Gefahr, die in damaliger Zeit mangels entsprechender Untersuchungsmöglichkeiten tatsächlich nicht auszuschließen war, die Gefahr, lebendig begraben zu werden. Im 18. Jahrhundert begann die Angst vor dem Scheintod immer mehr um sich zu greifen und wurde vor allem im 19. Jahrhundert zu einem häufigen Motiv in der Kunst. In Schubarts Fall gibt es aber keine konkreten Hinweise, sein Sohn Ludwig hat das Dahinscheiden des Vaters, dem es durch Festungshaft und Alkoholmissbrauch schon lange nicht mehr gut ging, selbst dokumentiert. Aufgrund eines Lungenödems war seine Atmung stark eingeschränkt:

Er lag mit halbgeschlossenem Augenliede, matt keuchend da, – ohne alles Bewußtseyn. Das Auge sank immer tiefer, so daß man sich büken mußte, um ihm noch hineinzuschauen […] Plötzlich murmelt er noch einige unverständliche Worte; senkt sein Haupt auf einmal tiefer – und stirbt.

Außerdem schreibt Ludwig Schubart in Anlehnung an ein Gedicht von Matthias Claudius:

Wir haben ihn gestern begraben, den theuren Unvergeßlichen, und unser ganzes Herz brannte in dem Seufzer:

Friede sey um diesen Grabstein her,
Sanfter Friede Gottes! – ach sie haben
Einen guten Mann begraben,
Und uns war er mehr!

Bei dem Grabstein, der heute auf dem Hoppenlaufriedhof mit Schubarts Lebensdaten zu finden ist, handelt es sich um einen neuen aus dem Jahr 1952.

Ebenso wie Schubarts Grab ist auch das von Johann Friedrich Cotta

Der Verleger Johann Friedrich Cotta in majestätischer Haltung auf einem um 1824 von Carl Jakob Theodor Leybold angefertigten Gemälde.

Sie hielt viele Literatinnen und Literaten in filigranen Scherenschnitten fest: die gebürtige Waiblingerin Luise Duttenhofer. Obwohl sie zu ihrer Zeit überregional bekannt war, wurde sie nach ihrem Tod schnell vergessen.

nicht mehr bekannt. Der Verleger von Schiller, Goethe, Kleist, Hölderlin, Jean Paul und vielen weiteren literarischen Größen der Zeit starb am 29. Dezember 1832 in der Stuttgarter Königstraße 42 in dem Haus, in dem er am 28. April 1764 geboren worden war. Am 2. Januar 1833 wurde er auf dem Hoppenlaufriedhof beigesetzt. Auch wenn das Grab nicht mehr bekannt ist, so hat sich in seinem Nachlass, der im Deutschen Literaturarchiv aufbewahrt wird, mit der Aufstellung der Bestattungskosten ein einzigartiges Zeugnis erhalten. Cotta war kein unbedeutender Verleger, seine Zeitgenossen nannten ihn gern den »Napoleon unter den Buchhändlern«, darüber hinaus war er ein visionärer und innovativer Unternehmer, der unter anderem die Dampfschnellpresse in Deutschland einführte sowie in die Bodenseedampfschifffahrt und den renommierten »Badischen Hof« in Baden-Baden investierte. Er besaß enge Verbindungen zum württembergischen Hof und gehörte zu den engsten Beratern König Wilhelms I. und Königin Katharinas. Entsprechend pompös und teuer war seine Beisetzung, summa summarum kostete sie etwa 257 Taler. Für Goethes Werke in 12 Bänden mussten im Vergleich 23 Taler und 6 Groschen berappt werden, wobei Bücher damals ein Luxusgegenstand waren.

Cottas Bruder, der Ludwigsburger Hofbuchdrucker Johann Georg Cotta (1761–1836), und die unverheiratet gebliebene jüngste Schwester Henriette (1783–1868) wurden ebenfalls hier zu Grabe getragen. Henriette ist nicht die einzige Frau mit literarischen Bezügen auf dem Hoppenlaufriedhof, so findet sich etwa auch das Grab von Luise Duttenhofer (1776–1829) hier. Die Künstlerin verewigte viele ihrer bekannten literarischen Zeitgenossen und -genossinnen in meisterhaften Scherenschnitten. Der Epigrammtiker Friedrich Haug, ebenfalls ein »Bewohner« des Friedhofs, dichtete über »Madame Duttenhofer«:

Ich fürchte die Schere der Parzen sehr;
Doch weiblicher Hogarth, die Deine mehr.
Zusatz:
Allein – ich sag's mit Offenheit –
Trotz heimlicher Betroffenheit
Bewundr' ich die Getroffenheit.

Die bedeutende Komponistin, Pianistin und Sängerin Emilie Zumsteeg (1796–1857) fand im Grab ihrer Mut-

Bei Emilie Zumsteeg steht die Lyra für Musik. Auf der Rückseite ihres in unmittelbarer Nähe zu Hauffs letzter Ruhestätte stehenden Grabsteins wird zudem aus einem ihr gewidmeten Gedicht zitiert.

ter ihre letzte Ruhestätte. Wo dieses lag, ist nicht bekannt, immerhin ist ihre Grabstele erhalten geblieben. Emilie Zumsteeg war mit vielen Literaten ihrer Zeit befreundet, darunter Justinus Kerner, Eduard Mörike und Nikolaus Lenau, und vertonte zahlreiche Gedichte, etwa Schillers *Reiterlied*, die *Schilflieder* Lenaus und das *Ulrichslied* aus Hauffs *Lichtenstein*. Auf der Rückseite der Grabstele wurden zwei Strophen aus einem ihr gewidmeten Gedicht von Johann Georg Vischer verewigt:

Zum Heimatland, wo du in Toenen
Im Geiste lebend schon geweilt,
Zum Heimatland des Ewigschoenen
Bist du im Tod uns vorgeeilt:
Und doch bist du bei uns geblieben,
Denn deine Kraft lebt winkend fort,
Wie unser Dank und unser Lieben
Lebendig bleibt in That und Wort.

Diese Inschrift wirft ein Licht auf einen weiteren literarischen Aspekt von Friedhöfen im Allgemeinen und diesem Friedhof mit seiner geballten Ansammlung von Größen aus dem Literaturleben im Besonderen: die Dichtung, die sich auf vielen Grabmälern findet. Über die rein biografischen Daten hinaus soll sie den gesellschaftlichen Rang des oder der Verstorbenen bezeichnen, ein positives Bild wachrufen und die Hinterbliebenen trösten. Gerne wird dabei Matthias Claudius' Gedicht *Bei dem Grabe meines Vaters*, das leicht abgewandelt Schubarts Sohn zitiert, benützt. Verwendung finden auch oft Verse von Friedrich Gottlieb Klopstock, dem gefeierten Dichter der Empfindsamkeit, der den Württembergern durch Christian Friedrich Daniel Schubart bekannt gemacht wurde.

Noch ein dritter Aspekt wurde in neuerer Zeit aktuell: der Hoppenlaufriedhof als Ort literarischer Veranstaltungen. Die Vielzahl der mit Literatur in Verbindung stehenden Personen, die hier begraben wurden, lädt zu einschlägigen Führungen und Lesungen ein. Ist es nicht der direkte Bezug zu den Gräbern, ist es die Atmosphäre, die die Veranstalter motiviert und das Publikum begeistert. Wenn dann etwa, wie 2017 geschehen, in Dämmerung und abendlicher Stille aus einem Roman wie *Grabgeflüster* des Schriftstellers Máirtín Ó Cadhain rezitiert wird, könnte man fast meinen, die Geister der verstorbenen Literaten vergangener Zeit erwachten und lauschten den ins Deutsche übertragenen Worten, die ihr irischer Kollege im 20. Jahrhundert niedergeschrieben hat.

Lichtenstein

Märchenschloss und Nebelloch mit Schwindelpotenzial

Noch vor rund dreißig Jahren war Schloss Lichtenstein ⓬ in unzähligen Vorgärten zu bewundern, mit Gartenzwergen vorm Eingang, als Wohnsitz von allerlei nützlichem Getier, sorgsam gehegt und gepflegt. Ob die Besitzer dieser Miniatur-Schlösser, die Käufer von Lichtenstein-Puzzles, -Ansichtskarten und anderen -Devotionalien damals und die unzähligen Fotografen auf Instagram, Facebook und Co. heute einfach nur begeistert vom romantischen Erscheinungsbild waren und sind oder ob sie die Geschichte, die dahintersteckt, kannten und kennen, bleibt dahingestellt. Tatsache ist, dass sich Schloss Lichtenstein wie Burg Hohenzollern oder Schloss Neuschwanstein besonderer Beliebtheit erfreut, obwohl es sich gar nicht um ein echtes mittelalterliches Monument handelt, sondern um einen Nachbau, der zum einen die Idealvorstellung von einer Burg umsetzt, zum anderen zeitgenössischen Wohnkomfort einbezieht.

Die magische Anziehungskraft, die Schloss Lichtenstein bis heute entfaltet, ist zu einem guten Teil seinem

Hoch oben wie ein Vogelnest und in atemberaubender Nähe zum jäh abfallenden Abgrund erbaut – Schloss Lichtenstein fasziniert seit Generationen die Besucher.

Aussehen geschuldet. Es scheint einem Märchen entsprungen zu sein, mit seinem Turm, den Erkern, Zinnen und hohen schmalen Fenstern. Allzu gut kann man sich vorstellen, wie auf der schmalen Brücke, dem einzigen Zugang, Ritter mit Schwertern gegeneinander kämpften und mancher in die Tiefe stürzte. Am spektakulärsten aber ist die Lage des Schlosses. In Wilhelm Hauffs 1826 erschienenem Roman *Lichtenstein* kommt der junge Ritter Georg von Sturmfeder gegen Mitternacht auf das Schloss zu:

Sie traten heraus aus dem Wald, und getrennt durch eine weite Kluft von der übrigen Erde lag auf einem einzelnen, senkrecht aus der nächtlichen Tiefe aufsteigenden Felsen der Lichtenstein.

Seine weißen Mauern, seine zackigen Felsen schimmerten im Mondlicht. Es war, als schlummere das Schlößchen, abgeschieden von der Welt, im tiefen Frieden der Einsamkeit.

Ein senkrecht aus der Erde aufsteigender Fels und darauf, 817 Meter über Normalnull, 250 Meter hoch über der Echaz und direkt am Abgrund, steht Schloss Lichtenstein, eine der größten Attraktionen der deutschen Schlösser- und Burgenwelt. Unweigerlich fragt man sich, wie die Handwerker den Schlossbau wohl bewerkstelligten. Die Bauherren wünschten sich vielleicht ein bisschen Hilfestellung durch einen Riesen, der wie in dem Märchen *Der Reußenstein*, das in den Roman eingearbeitet ist, den tapferen Handwerker, der am obersten Fenster des Schlossneubaus den letzten Nagel einschlagen soll, mit sicherem Griff hochhebt. Ob Wilhelm Hauff bei der Beschreibung des Schlosses Lichtenstein wohl an den Reußenstein dachte? Gut möglich, denn das Aussehen beider gleicht sich: Im Märchen heißt es: »Dort über dem Berg, gerade wo jetzt der Mond steht, liegt ein Schloß, das heißt der Reissenstein; […] es liegt auf jähen Felsen, weit oben in der Luft, und hat keine Nachbarschaft als die Wolken und bei Nacht den Mond.«

Die Burg Reußenstein kannte Wilhelm Hauff bestenfalls als Ruine, beim Lichtenstein verhält es sich etwas komplizierter. Zwar existieren noch heute Reste der Burg Alt-Lichtenstein, doch diese liegt einen halben Kilometer von der Stelle entfernt, auf die Hauff sich bezieht. Zweimal war sie zerstört und schließlich nicht mehr aufgebaut worden. Stattdessen wurde auf dem abenteuerlich steilen Felsen um 1390 eine neue Burg errichtet. Sie galt, was keinen, der die Lage kennt, verwundern dürfte, als eines der wehrhaftesten Gebäude der Gegend. Erst der Zahn der Zeit schaffte die Zerstörung, denn nachdem sie ab der Mitte des 16. Jahrhunderts nur noch marginale Bedeutung besaß, verfiel die Burg. 1802 ließ der jagdbegeisterte Kurfürst und spätere König Friedrich I. von Württemberg Teile

Die Holzbrücke, die ins Schloss führt, spielte in Wilhelm Hauffs Roman eine wichtige Rolle. Man hört und sieht auf ihr geradezu die Ritter kämpfen.

Im größten und schönsten Raum des Schlosses, dem Rittersaal (rechts), begegnen den Besuchern fiktive Romanfiguren wie auch historische Personen.

Der jung verstorbene Dichter Wilhelm Hauff erhielt mit dem Schloss Lichtenstein ein Denkmal, wie es wohl keinem anderen Künstler vergönnt war.

davon abtragen und in der waldreichen Gegend auf den Fundamenten ein Forsthaus errichten. Es war genau in jenem Jahr, in dem Wilhelm Hauff in der Residenzstadt das Licht der Welt erblickte. Hauff wuchs größtenteils in Tübingen auf, besuchte in Blaubeuren das evangelische Seminar und studierte am Tübinger Stift. Mit großer Wahrscheinlichkeit kannte er den Lichtenstein und die unten bei Genkingen liegende Nebelhöhle ⓭.

Letztere war schon seit langem eine Besucherattraktion. Es ist umstritten, ob ein Jäger oder ein Hirte jenes Loch entdeckte, aus dem geheimnisvoller Nebel aufstieg und das sich als Eingang zu einer sehr alten und geräumigen Tropfsteinhöhle erwies. Auch hier hat Kurfürst Friedrich I., der spätere König Friedrich I., Hand anlegen und die Höhle 1803 besucherfreundlich ausbauen lassen. Im selben Jahr stattete er ihr einen Besuch ab. Besonders die Illumination mit Hunderten von Kerzen begeisterte das romantisch gesinnte Publikum, und so entwickelte sich daraus das Nebelhöhlenfest, das

bis heute immer zu Pfingsten stattfindet.

Wilhelm Hauff beschrieb uns also ein Schloss, das es zu seiner Zeit nicht mehr gab, das aber heute vor unseren Augen steht, wie er es uns überlieferte. Die Geschichte klingt paradox und ist doch einfach. Der aus der fränkischen Schweiz stammende Martin Crusius, Altphilologe, Historiker und Professor in Tübingen, hatte sich in seinem 1595/96 publizierten Hauptwerk *Annales suevici* eingehend mit der Geschichte Schwabens befasst und dabei auch eine Beschreibung von Schloss Lichtenstein hinterlassen. Gustav Schwab zitierte diese in seinem Werk *Die Neckarseite der Schwäbischen Alb*:

Das Schloß ist von dem andern Berge abgesondert, auf welchen eine lange Brücke geht, unter der ein sehr tiefer Graben ist; auf beiden Seiten sind Felsen, die lange Leitern bedürfen, um bestiegen zu werden. Auf dem äußersten Theil des Felsen steht das Schloß; vor sich über der Brücke hat es Wälder, auf der andern Seite lustige Gärten, Wiesen und Aecker. […] Am untern

Theil des Schlosses sind Festungswerker, auf alte Art gebaut, etwas höher ein herrlicher Pferdestall, und kleine Kammern anstatt des Kellers, alles in Felsen gehauen. Wenn man die Steige hinauf geht, findet man eine weite und helle Stube mit gegossenem Boden; vor derselben sind Doppelhaken in der Wand. Im obern Stockwerk ist ein überaus schöner Saal, rings herum mit Fenstern, aus welchen man bis an den Asperg sehen kann […].

Wie Hauff, so kannte auch Schwab nur das Försterhaus. Seine Darstellung ist nicht wie bei Crusius als gelehrte Bestandsaufnahme und Chronik zu lesen, sondern als Reiseführer. Wenn die Wanderer vor das Schloss oder vielmehr das geräumige Försterhaus treten, sind sie ihm zufolge überrascht,

einen senkrechten Felsen aufsteigen zu sehen, auf dessen Spitze das lustige Schlößchen wie ein Vogelnest hängt, und mit den Grundmauern eines zerstörten Schlosses verwachsen ist. […] eine Brücke bildet den einzigen Zugang zum Schloß. Den vollen Genuß aber gewährt erst das Fremdenzimmer des Schlößchens, welches den freien Blick in das wundervolle Thal eröffnet, das zu den größten Schönheiten der Alb gehört […].

Er vergisst nicht zu erwähnen, dass außer zur Zeit des Nebelhöhlenfestes »zwar kein Mittagsmahl im Försterhause eingenommen werden kann, aber doch Caffé, Käse, Butter und guter Wein zu finden ist«. Schwabs Beschreibung erschien 1823, dass Hauff sie besaß, wird aus einer Buchhändlerrechnung von 1825 ersichtlich, und dass er sie intensiv gelesen hat, aus seinem Roman *Lichtenstein*. Die von Crusius erwähnten Befestigungsanlagen, die Brücke, der Pferdestall, die Kammern, die Doppelhaken fehlen bei Hauff ebenso wenig wie der »überaus schöne Saal, ringsum mit hellen Fenstern«. Crusius' Chroniktext beziehungsweise Schwabs schlichter Reisebericht werden in Hauffs Roman zu Poesie, wenn es heißt:

Wie ein colossaler Münsterthurm steigt aus einem tiefen Alpthal ein schöner Felsen frei und kühn empor. Weit ab liegt alles feste Land, als hätte ihn ein Blitz von der Erde weggespalten, ein Erdbeben ihn losgetrennt oder eine Wasserflut vor uralten Zeiten das weichere Erdreich ringsum von seinen festen Steinmassen abgespült. Selbst an der Seite von Südwest, wo er dem übrigen Gebirge sich nähert, klafft eine tiefe Spalte, hinlänglich weit, um auch den kühnsten Sprung einer Gemse unmöglich zu machen, doch nicht so breit, daß nicht die erfinderische Kunst des Menschen durch eine Brücke die getrennten Theile vereinigen konnte.

Wie das Nest eines Vogels, auf den höchsten Wipfel einer Eiche oder auf die kühnsten Zinnen eines Thurmes gebaut, hing das Schlößchen auf dem Felsen.

Doch noch etwas Wichtigeres als die Beschreibung des Lichtensteins hat Wilhelm Hauff von Crusius und Schwab übernommen, nämlich die Behauptung, dass Herzog Ulrich sich in der Nebelhöhle und auf Schloss Lichtenstein versteckt haben soll. Die

Handlung des Romans beginnt 1519, als der Schwäbische Bund gegen Herzog Ulrich zieht, der die Freie Reichsstadt Reutlingen unterworfen hat. Der junge und auffallend gut aussehende Georg von Sturmfeder will sich in Ulm dem Schwäbischen Bund anschließen, erfährt jedoch, dass der Vater seiner geliebten Marie von Lichtenstein auf der Seite des Herzogs steht. Er lässt sich überzeugen, dass dieser kein Tyrann ist, wie es immer hieß, sondern durch seine Jugend und seinen selbstsüchtigen Kanzler irregeleitet wurde und sich den Intrigen seiner Gegner gegenüber unklug verhalten hat. Sturmfeder schert aus den Reihen des Schwäbischen Bundes aus und reist mit einem engen Vertrauten Ulrichs, dem Pfeifer von Hardt, nach Schwaben, um Marie zu sehen. Unterwegs erfährt er, dass sie nachts heimlich einen Mann empfangen soll, und lauert diesem auf. Der vermeintliche Liebhaber entwaffnet Sturmfeder, und der Pfeifer von Hardt nimmt ihn mit in dessen Versteck, die Nebelhöhle. Georg von Sturmfeder ist fasziniert:

Alle Augenblicke stand er still, von Neuem überrascht, hielt die Fackel hoch und staunte und bewunderte, denn in hohen majestätisch gewölbten Bogen zog sich der Höhlengang hin, und flimmerte und blitzte, wie von tausend Krystallen und Diamanten. Aber noch größere Ueberraschung stand ihm bevor, als sich sein Führer links wandte und ihn in eine weite Grotte führte, die wie der festlich geschmückte Saal des unterirdischen Palastes anzusehen war.

Auch von dem weise, aber unglücklich wirkenden Mann ist Sturmfeder sehr angetan, erst später erfährt er, dass es sich um Herzog Ulrich handelt. Der Herzog hat im Grafen von Lichtenstein einen engen Vertrauten und besucht deshalb nachts das Schloss. Er überzeugt Georg von Sturmfeder von seinen ehrenhaften Absichten und gewinnt in ihm einen treuen Vasallen.

Mit der Wahrheit ging Wilhelm Hauff eher locker um, eine historisch getreue Schilderung der Vorgänge rund um Herzog Ulrich war nicht sein Ziel. In der Realität zählten brutale Steu-

Der Pfeifer von Hardt führt Georg von Sturmfeder in die Nebelhöhle zu Herzog Ulrich; Illustration aus dem um 1830/40 entstandenen Riedel'schen Bilderbogen.

Herzog Ulrich darf in Schloss Lichtenstein nicht fehlen. In Wilhelm Hauffs Roman ist er die Lichtgestalt, die dem Land den Protestantismus bringt.

ern, Folterungen, Meuchelmorde und Selbstüberschätzung zum Regierungsstil des verhassten Herrschers, Hauff dagegen dichtete ihm typisch bürgerliche Tugenden wie Fleiß, Treue, Rechtschaffenheit an. Er zeichnete einen zwar manchmal schwachen, aber letztlich gereiften Herrscher, einen Herrscher, der so weise war, die Reformation einzuführen. Der Dichter verfolgte mit seiner Darstellung eine eindeutig politische Tendenz: Zwanzig Jahre nach der Erhebung Württembergs zum Königreich und gut zehn Jahre nach dem Ende der Napoleonischen Herrschaft und dem Amtsantritt König Wilhelms I. versuchte er mit seinem *Lichtenstein* den Württembergern eine Identität zu geben. Im Vorwort bezieht er sich auf den schottischen Dichter Walter Scott, der als Erfinder des historischen Romans gilt. Hauff hatte seine Werke ausgiebig gelesen: »Doch auch wir hatten eine Vorzeit, die reich an bürgerlichen Kämpfen, uns nicht weniger interessant dünkt als die Vorzeit der Schotten. Darum haben auch wir gewagt, ein historisches Tableau zu entrollen […].« Der Herzog, der dem Land eine neue Religion gab, wird dabei zur Identitätsfigur, und das Land immer wieder in seiner Schönheit beschworen:

»Ein herrliches Land, dieses Württemberg!« rief Georg, indem sein Auge von Hügel zu Hügel schweifte. »Wie kühn, wie erhaben diese Gipfel und Bergwände, diese Felsen und ihre Burgen! Und wenn ich mich dorthin wende gegen die Thäler des Neckars, wie lieblich jene sanften Hügel, jene Berge mit Obst und Wein besetzt, jene fruchtbaren Thäler mit schönen Bächen und Flüssen, dazu ein milder Himmel und ein guter, kräftiger Schlag von Menschen!«

Nebelhöhle und Lichtenstein, genau in der Mitte des Romans beschrieben, werden zu zentralen Stätten, die Schönheit, Tradition und auch die Möglichkeit, sich vor den Ränken einer bösartigen Welt zurückzuziehen, symbolisieren. So macht es Ulrich unten in der Nebelhöhle, und so machen es später Georg und Marie von Sturmfeder oben auf dem Lichtenstein:

Noch oft, wenn sie am Fenster des Schlosses standen und hinabschauten auf Württembergs schöne Fluren, gedachten sie des unglücklichen Fürsten, der einst hier mit ihnen auf sein Land hinabgeblickt hatte […].

Wilhelm Hauff erreichte sein Ziel, und das weitaus erfolgreicher, als er jemals hätte ahnen können. Was vorher als vages Gerücht wahrgenommen worden und vermutlich von keinem großen Interesse mehr gewesen war – Herzog Ulrichs nicht verbürgter Aufenthalt in der Nebelhöhle und auf dem Lichtenstein –, gewann infolge des Romans neue Aktualität und wurde plötzlich als Tatsache gesehen. Ulrich galt nicht mehr als der unbeherrschte, gehasste Tyrann, der sein Volk unterdrückt hatte, bis es sich im Aufstand des Armen Konrad zu wehren versucht hatte. Er wurde nun so wahrgenommen, wie Hauff ihn zeichnete: als der in seiner Jugend fehlgeleitete und später gereifte Herrscher, der sein Land von den Habsburgern befreite und verantwortungsvoll den Protestantismus einführte.

Der Roman *Lichtenstein* verkaufte sich von Anfang an sehr gut, und als Wilhelm Hauff wenig später, am 18. November 1827, völlig unerwartet im Alter von erst 25 Jahren verstarb,

Über einer der Türen im Rittersaal ist der Erbauer des Schlosses Wilhelm Graf von Württemberg in Ritterrüstung zu sehen. Die Jahreszahl unten rechts verweist wohl auf das Jahr, in dem die Malereien beendet wurden.

wurde er endgültig zum Bestseller, ein Bestseller, der wie auch sein Verfasser über Jahrzehnte hinaus nicht an Popularität verlor. Er wurde in immer neuen Auflagen und Ausgaben veröffentlicht und zu Bühnenstücken umgeschrieben. In Honau, das am Fuß des Lichtensteins liegt, wurde ein Festspielhaus errichtet, das von 1901 bis 1903 betrieben wurde. Inzwischen riss man es zwar wieder ab, dafür erinnert das informativ und schön gestaltete Honauer Wilhelm-Hauff-Museum an den Schriftsteller und seinen Roman. Die beiden wichtigsten Schauplätze des Geschehens, Lichtenstein und Nebelhöhle, entwickelten sich zu noch beliebteren Ausflugszielen, als sie sowieso schon waren. 1892 wurde die Echaztalbahn zwischen Reutlingen und Ho-

nau eröffnet, und schon kurz nach der Einweihung zählte sie an einem Junisonntag so viele Reisende zum Lichtenstein, dass »in beiden Richtungen mehrere Sonderzüge gefahren werden mußten«. 1893 wurde als Fortsetzung die Zahnradbahn Honau-Lichtenstein fertiggestellt, womit nicht etwa in der Residenzstadt Stuttgart, sondern auf der Alb zum ersten Mal in Württemberg Personen via Zahnrad befördert wurden. Inzwischen stand auf dem Lichtenstein allerdings kein Försterhaus mehr, sondern das Schloss, das wir heute kennen.

Etwa zehn Jahre nach Hauffs Tod interessierte sich Graf Wilhelm von Württemberg (1810–1869), der spätere Wilhelm I. Herzog von Urach, für den Kauf von Försterhaus und Lichtenstein. Er stammte aus einer Nebenlinie des Hauses Württemberg, war Cousin des Königs und Bruder des Dichters Graf Alexander von Württemberg. Der Offizier hatte eine vielseitige Bildung genossen und setzte sich unter anderem für die Gründung und Fortführung des Württembergischen Altertumsvereins ein. Sein ausgeprägtes Interesse für Geschichte ging Hand in Hand mit dem allgemein gesteigerten Interesse an einem idealisierten Mittelalter, das sich unter anderem im Bau neuromanischer Burgen und Schlösser ausdrückte. Die Wartburg in Eisenach, Schloss Marienburg in Pattensen, Schloss Stolzenfels am Rhein, Neuschwanstein im Allgäu, ganz in der Nähe Burg Hohenzollern und viele weitere Baudenkmäler entstanden in diesem Geist, die meisten allerdings etwas später als Schloss Lichtenstein. Graf Wilhelm hatte bereits eine Weile nach einem passenden Ort gesucht, um seinen Traum von einem romantischen Mittelalterschloss zu re-

Graf Wilhelm von Württemberg war ein begeisterter Waffensammler. Einige Rüstungen und Waffen sorgen im Rittersaal für das richtige Ambiente.

alisieren, Ende 1837 fand er diesen Ort auf dem Lichtenstein. Er nahm Kontakt zu dem aus Stuttgart stammenden, in Nürnberg tätigen Architekten Carl Alexander von Heideloff auf und legte dem Finanzminister sein Anliegen vor, das Forsthaus mit dem umliegenden Grund zu kaufen. Im August des darauffolgenden Jahres wurde der Vertrag geschlossen, im Juni 1839 das alte Forsthaus abgerissen und 1840 der Grundstein für das neue Schloss gelegt. Schon am 27. Mai 1842 konnte es in Anwesenheit von König Wilhelm I. und dessen Familie eingeweiht werden. Baustelle blieb es allerdings noch lange.

Graf Wilhelm hat mit der Errichtung des Schlosses Lichtenstein seiner Mittelalterbegeisterung, aber auch Wilhelm Hauff und dessen *Lichtenstein* ein Denkmal gesetzt. Im prachtvollen Rittersaal erinnern Medaillons, die in die Wandvertäfelung eingelassen sind, an berühmte schwäbische Ritter, von denen einige im Roman vorkommen. Der Pfeifer von Hardt, der eine Erfindung Hauffs ist, fand ebenso im Saal einen Platz wie die Ulrichsage. In unmittelbarer Nähe des Schlosses war noch während des Baus die Büste des Dichters aufgestellt worden, die ebenfalls Heideloff entworfen hatte. Eduard Paulus, Kunsthistoriker und Schriftsteller aus Stuttgart, verfasste darauf das Gedicht *Hauff – Lichtenstein.*

Über dem Tisch hängen Reminiszenzen an die jagdbegeisterten Württemberger, über der Wandvertäfelung ist das Porträt Maries aus Hauffs »Lichtenstein« angebracht.

In erster Dämmrung, wenn die Finken schlagen,
Welch lustig Wandern durch das Buchengrün,
Von oben winkt der Lichtenstein so kühn,
Als wie von Feenhand emporgetragen.

Im tiefen Thal beginnt es kaum zu tagen,
Da schon des Felsenschlosses Zinnen glühn,
Und weit umher des Himmels Wolken blühn,
Die eben noch in finstrer Gräue lagen.

Und dort am höchsten Riff steigt einsam auf,
Von Epheuzweigen liebevoll umschlungen,
Dein schlicht Erinnerungsmal, o Wilhelm Hauff,

Der du den Ort unsterblich schön besungen –
Schwermütig steigt es auf im Morgenrot,
Das dir geleuchtet in den frühen Tod.

Daneben fand 1902/03 die »geologische Pyramide« ihren Platz, die die Gesteinsschichten des Schwäbischen Jura aufzeichnet.

1921 erschien eine ganz andere Art von Bestseller, der sechste Band einer Mädchenbuchreihe, die bis heute millionenfach verkauft und auch verfilmt wurde: *Nesthäkchen fliegt aus dem Nest* von der Berliner Autorin Else Ury. Nesthäkchen Annemarie Braun geht zum Studium nach Tübingen und unternimmt eines Tages mit Freunden einen Ausflug zum Schloss Lichtenstein:

»Drobe« gab's eine Steinbüste des Dichters Hauff, der die Burg durch seine Erzählung »Lichtenstein« allgemein vertraut gemacht hat. Da gab's eine Pyramide, an welcher die verschiedenen Erdschichten der Alb mit ihren eigenartigen Versteinerungen deutlich erkennbar waren, und welche großes Interesse bei den Wanderern auslöste. Nur Ilse und Annemarie fanden sie gräßlich mopsig. Da gab's eine Zugbrücke, über die Georg von Sturmfeder einst seinen Einzug gehalten. Söller und Luginsland, aus denen das schöne Fräulein Marie ins Schwabenland hinabgeschaut. Saure Milch gab's da im Jagdhäusle nebenan und »arg guten Zwetschgekuche«.

Obwohl ein Gewitter aufzieht, beschließen sie, zur Nebelhöhle zu wandern, »in der Ulrich von Württemberg als Geächteter verborgen gelebt hat«. Sie nicht zu besichtigen, »wäre ja in Rom gewesen und den Papst nicht gesehen« zu haben. Drei kleine Jungen, »die Führer in die Unterwelt«, bringen die Gruppe schließlich »durch ein Labyrinth von unterirdischen Gängen« und »prachtvolle Tropfsteingebilde« immer tiefer in die Höhle hinein, bis sie in einer Grotte stehen.

»Das ischt halt der Stuhl und der Tisch, an dem der Herzog gesesse ischt.« Das Büblein wies auf einen größeren und ei-

Die Nebelhöhle mit ihren faszinierenden Tropfsteinen ist seit Langem eine Besucherattraktion, wie ein um 1836 entstandener Stahlstich nach Louis Mayer aus Gustav Schwabs »Wanderungen durch Schwaben« zeigt.

DIE NEBELHÖHLE.

nen kleineren flachen Felsstein. »Hierher hat ihm sein G'treuer, der Pfeifer von der Hardt, der die Nebelhöhle entdeckt hat, heimlich des Nachts Speis' und Trank zug'trage.« Es klang so eintönig, als ob das Büble das Vaterunser herbetete.

Stumm blickten die Besucher auf den unwirtlichen Ort, an dem Württembergs Herzog dereinst Tag und Nacht in schwarzer Finsternis lebendig begraben gewesen. Alles Scherzen, alles Witzeln verging den sonst so Lustigen vor dem Ernst der Geschichte, die an dieser schaurigen Stätte aus der unheimlichen Stille heraus zu ihnen sprach.

Der Nesthäkchen-Ausflug ist ein schönes Beispiel dafür, dass Wilhelm Hauff mit dem *Lichtenstein*, der Nebelhöhle und Herzog Ulrich noch weit ins 20. Jahrhundert hinein und selbst im fernen Berlin seine Rezipienten fand. Heute wird der Roman zwar kaum noch gelesen, doch vielen ist bewusst, dass es sich bei dem Schloss um ein etwas anderes Denkmal für einen Dichter und sein Werk handelt.

Die Nebelhöhle wird manchmal mit dem Ulrichstein (oder auch Ulrichshöhle genannt) ⓮ bei Nürtingen-Hardt verwechselt. 1787 hatte ein Pfarrer aus Oberensingen eine alte Überlieferung schriftlich fixiert, nach der sich Ulrich in der Spalte des »hohlen Steins« verborgen habe. Auch diese kommt in Hauffs Roman vor: Als Ulrich später über Esslingen nach Mömpelgard flieht, übernachtet er dort mit seinen Getreuen. Schon viel früher hat Friedrich Hölderlin diese in *Der Winkel von Hahrdt* bedichtet.

Der Ulrichstein bei Nürtingen-Hardt mit seiner markanten Felsspalte soll Herzog Ulrich Schutz geboten haben und inspirierte Friedrich Hölderlin.

Hinunter sinket der Wald,
Und Knospen ähnlich, hängen
Einwärts die Blätter, denen
Blüht unten auf ein Grund,
Nicht gar unmündig.
Da nämlich ist Ulrich
Gegangen; oft sinnt, über den Fußtritt,
Ein groß Schicksal
Bereit, an übrigem Orte.

Hölderlin las seinem Halbbruder Karl Gok vor Ort unter anderem eine frühe, aber nicht mehr existierende Fassung des Gedichts vor. Zurück aus Bordeaux, schon von seiner beginnenden Krankheit gezeichnet, schrieb er um 1804 die oben zitierte zweite Fassung. Peter Härtling, der nach dem

Zweiten Weltkrieg nach Nürtingen kam, dort das Gymnasium besuchte und als Volontär bei der *Nürtinger Zeitung* tätig war, erzählt in seinem Hölderlin-Roman von diesen beiden Gedichten und stellt sich vor, wie die beiden Jungen einen Bach durchqueren, über Steine springen und den Ulrichstein finden. Hölderlins Biograf erinnert sich daran, dass er selbst dort gewesen ist: »Dorthin bin ich, in meiner Kindheit, einige Male gewandert, habe vor dem Eingang der Felsspalte gesessen und geträumt, nicht Hölderlins wegen, sondern wegen des Pfeifers von Hardt, meiner Lieblingsgestalt aus Hauffs ›Lichtenstein‹.«

Herzog Ulrich hat sich über viele Generationen in das Gedächtnis der Württemberger eingeschrieben, wenn auch nicht immer in historisch exakter Einkleidung. Wilhelm Hauff und sein Roman sorgten dafür, dass sich der Herzog, wie er ihn darstellte, in der schwierigen Umbruchzeit nach den napoleonischen Kriegen und der Entstehung des Königreichs zur stabilisierenden Identifikationsfigur entwickelte. Schloss Lichtenstein wurde zum Ausdruck dieses neuen württembergischen

Basierend auf einer alten Überlieferung sucht Herzog Ulrich in Hauffs Roman mit seinen Getreuen auf der Flucht Unterschlupf im sogenannten Ulrichstein; Illustration aus dem um 1830/40 entstandenen Riedel'schen Bilderbogen.

Noch immer kann man sich gut vorstellen, wie beeindruckend eine Begegnung zwischen Sturmfeder und Herzog Ulrich in der Nebenhöhle hätte verlaufen können, zumal die Höhle aus dem Roman nicht gut ausgeleuchtet war.

Geschichtsverständnisses. Es befriedigte romantische Vorstellungen von einem Mittelalter, wie es glorreicher nicht hätte sein können, und wurde als Symbol für die Schönheit des Landes und den Aufstieg aus dunklen Zeiten in eine lichte Zukunft genommen. Am Ende des *Lichtenstein* kehrt der Erzähler in die Gegenwart zurück und beschreibt das Nebelhöhlenfest. Die Württemberger »steigen nieder in den Schooß der Erde, der an seinen krystallenen Wänden den Schein der Lichter tausendfach wiedergibt; sie füllen die Höhle mit Gesang und lauschen auf ihr Echo, welches die murmelnden Bäche der Tiefe melodisch begleiten«, bewundern »die Werke der Natur« in der illuminierten Höhle.

Dann steigen sie herauf zum Lichte, und die Erde will ihnen noch schöner bedünken als zuvor; ihr Weg führt immer aufwärts zu den Höhen von Lichtenstein, und wenn dort die Männer im Kreise schöner Frauen, die Becher in der Hand, auf die weiten Fluren hinabschauen, wie sie bestrahlt von einer milden Sonne im lieblichsten Schmelz der Farben sich ausbreiten, dann preisen sie diese lichten Höhen, dann preisen sie ihr gesegnetes Vaterland. Dann kehrt, wie in den alten Tagen, Gesang und Jubel und der fröhliche Klang der Pokale auf den Lichtenstein zurück, und weckt das Echo seiner Felsen, und weckt mit ihm die Geister dieser Burg, daß sie die fröhlichen Gäste umschweben, und mit ihnen hinabschauen auf das alte Würtemberg.

Tübingen

Schlechtes Pflaster, lachende Weinberge und ein Turm am Wasser

Im Grunde kann die alte Universitätsstadt Tübingen – insbesondere mit dem bis heute beliebten Postkartenmotiv des Hölderlinturmes ⓯ – für sich allein als mythischer Ort gelten. 1477 gründete der württembergische Graf Eberhard im Bart die Universität mit den vier Fakultäten Theologie, Philosophie, Jura und Medizin. 1535 kam es mit der Einführung der Reformation aber zu einer Än-

Tübingen zwischen Weinbergen, bewaldeten Hügeln und dem Neckartal sowie mit dem »überaus reizenden Durchblick« auf die Schwäbische Alb auf einem Stahlstich nach Louis Mayer aus Gustav Schwabs »Wanderungen durch Schwaben«.

derung, die entscheidend daran beteiligt gewesen sein dürfte, dass Württemberg zum Land der Dichter und Denker wurde. Im Zuge der Säkularisierung ließ Herzog Christoph viele der Klöster zu evangelischen Seminarschulen umwandeln, in denen der begabte männliche Nachwuchs auf Stipendienbasis eine höhere Schulbildung genoss. Der Weg der Seminaristen führte normalerweise ins ebenfalls neu gegründete Evangelische Stift in Tübingen, wo sie mittels eines weiteren Stipendiums zu Pfarrern oder Lehrern ausgebildet wurden. Das Stift, das heute noch existiert, war nicht nur ein effektives Instrument, um den lutherischen Glauben zu verankern, es verhalf zugleich vielen Söhnen des Landes zu einer Ausbildung, die ihnen sonst verwehrt gewesen wäre. Bestes Beispiel ist einer der ersten »Stiftler«, Johannes Kepler, dessen alleinerziehende Mutter ein Studium nicht hätte finanzieren können. Im Lauf der Zeit gingen zahlreiche bedeutende Theologen, Philosophen und Schriftsteller aus dem Stift hervor. Zu einer besonderen Häufung von späteren Berühmtheiten kam es um 1800. Einer von ihnen war Gustav Schwab, der in seine *Wanderungen durch Schwaben* 1837 auch Tübingen aufnahm, wo er ab 1809 Philologie, Philosophie und schließlich Theologie studiert hatte.

Tübingen hat zwar keine grossartige Lage, wie seine Schwestern Freiburg und Heidelberg, wohl aber eine höchst liebliche und zum ruhigen Verweilen einladende. Seine Vorderseite, die südliche, ist längs dem Ufer des hier noch jugendlich bescheidenen Neckarflusses auf die Terrassen eines Hügels malerisch, Gasse hinter Gasse, gebaut, und kehrt die schönste Seite des Schlosses, die Hauptgebäude seiner Schule sowie seine gotische Kirche dem Flusse zu, der durch ein grünes, mit uralten Lindenalleen besetztes Wörth, unter Steg und Brücke, noch ziemlich rasch dahineilt und jenseits dessen an der Heerstraße eine schlanke Pappelreihe, die indessen der Tod des Naturnachlasses bedroht, mit der Stadt parallel hinläuft.

Das Evangelische Stift ist in einem ehemaligen Kloster untergebracht. Der Brunnen im Außenbereich stammt aus dem Jahr 1785 und zeigt das württembergische Wappen.

Schwab zeichnet ein idyllisches Bild, in dem keine Rede von schlechtem Pflas-

Der Arztsohn Karl August Varnhagen von Ense, laut Signatur »nach der Natur« gezeichnet von Ludmilla Assing, verh. Grimelli.

Das theologische Seminar auf einer Bleistiftzeichnung von Eduard Mörike, die er nach einer Buchvorlage anfertigte.

ter, Schmutz oder anderen Unannehmlichkeiten ist. Anders der Berliner Verleger und Schriftsteller Friedrich Nicolai, der Tübingen 1796 in seiner *Beschreibung einer Reise durch Deutschland und die Schweiz* kein gutes Zeugnis ausstellt:

Die Stadt hat eine höchst unbequeme Lage auf einem Bergrücken, von beiden Seiten abhängig. Die Straßen sind daher äußerst uneben. Man muß schief herauf und herab gehen, oft mehrere Stufen steigen, ja in einigen Häusern (z. B. in dem Hause des Herrn Prof. Uhland) steigt man von der Spitze des Dachs in eine andere Straße. Dazu kommt, daß die Straßen meist sehr eng, krumm und schlecht gepflastert, Abends gar nicht erleuchtet sind, und eben nicht rein gehalten werden. In vielen Gassen, besonders in der untern Gegend der Stadt sieht man vor vielen Häusern große Misthaufen liegen.

Nun könnte man argumentieren, dass aus ihm ein kritteliger 63-jähriger Flachland-Berliner spricht, aber auch

Goethe rümpfte angesichts der Misthaufen die Nase. Und selbst der junge Karl August Varnhagen von Ense, der 1808/09 zum Medizinstudium von Berlin nach Tübingen kam, sah jede Menge Schmutz. So klagt er Anfang November 1808 in einem Brief:

Wir finden die Stadt mit ihren Straßen und Häusern abscheulich, ein schmutziges Nest, schwarz, klein, baufällig; die Stuben, die man uns anbietet, sehen schrecklich aus, mittelalterige Fensterchen, schiefe Fußböden, klapprige Thüren; zwei Stühle, ein Tisch, ein Bett, und einige Nägel, um Kleider oder auch sich selbst daran aufzuhängen, sind die Möbel. Was man verlangt, ist nicht zu haben, fremd, vom Hörensagen bekannt; man schämt sich, man scheint sich frech, so viele Ansprüche zu machen.

Er konstatiert »den ungeheuren Abstand des Lebens hier von unsrem in Berlin«. Zwar war Tübingen zweite Residenzstadt des Landes, doch mit der preußischen Hauptstadt oder auch nur mit Stuttgart konnte es nicht mithalten. Hier waren keine Hofleute zu Hause, die gekonnt über internationales Parkett tanzten, weitgereiste Großkaufleute, die in London oder gar in Übersee Geschäfte tätigten, waren Mangelware. Hier wurden vorzugsweise zukünftige Pfarrer und Lehrer aus wenig betuchten schwäbischen Familien erzogen. Sie waren klug und gebildet, sehnten sich nach Italien und Griechenland und blieben weitgehend unter sich. Nicolai bestätigt den Eindruck im Hinblick auf die Universität:

Sie ist für das Herzogtum Wirtemberg errichtet, und man kümmert sich gar nicht um die Frequenz der Ausländer. Sind sie da, so ist es gut; sind sie nicht da; so ist weiter nichts daran gelegen, denn die Absicht die Wissenschaften im Lande zu verbreiten ist doch erreicht. […] So wie die Studenten in Tübingen größtentheils aus Wirtembergern bestehen, so sind auch gewöhnlich die Professoren Eingeborene des Landes. Der Fall, daß dort ein Ausländer Professor wird, kommt sehr viel seltener vor, als bey irgend einer anderen Universität.

Dass Tübingen ein so starkes Übergewicht an Söhnen des Landes aufwies, lag am genannten Stipendienwesen, dass diese nicht gerade weltläufig auftraten, an ihrer Erziehung. Die Studenten des Stifts, das im ehemaligen Augustinerkloster untergebracht war und deswegen oft als »Kloster« bezeichnet wurde, waren einer äußerst rigiden Hausordnung und Lebensweise unterworfen. Laut Friedrich Theodor Vischer führte dies dazu, dass sich ein Angehöriger des Stifts »auf den Wert seiner geistigen Bildung« zurückzog. Kommt noch »die angeborene Schwerfälligkeit schwäbischer Natur« hinzu, »bleibt von dieser Erziehung lebenslang ein Rest von Verschüchterung, der Geist ist bei allem Reichtume wie mit eisernen Reifen gebunden«.

Die Studenten suchten dem ständigen Beten und Repetieren, der schlechten Luft und mageren Kost zu entkommen, wo sie nur konnten. Die Wirtschaften waren, wie könnte es anders sein, bevorzugte Ziele, doch in einer Zeit, in der eines der beliebtesten Themen die Verbundenheit mit der Natur war, lockte auch die schöne Umgebung. Wurden Stadt und Universität kritisch gesehen, so stieß diese allgemein auf Begeisterung. Varnhagen von Ense schwärmt:

Dagegen ist die Landschaft prächtig; das Neckarthal und das Ammerthal laden zu den schönsten Spaziergängen ein, die Hügel bieten die reichsten Aussichten, die ganze Gegend hat einen lieblich schwermüthigen Karakter. Man zeigt ein Gartenhäuschen vor der Stadt, wo Wieland gedichtet haben soll. Wie reizend fänden wir dieses Stück Natur, wie genügend diesen beschränkten Umfang, könnten wir unser berlinisch Leben darin fortführen!

Selbst Nicolai, dessen Tübingen-Klage viele Seiten einnimmt, ist sehr angetan, als er auf der Sternwarte der Universität zu Besuch ist und die Umgebung sieht:

Es ist ein weiter entzückender Blick über fruchtbare Fluren, fette Wiesen, lachende Weinberge und Obstgärten. Kein Kontrast läßt sich so schneidend denken, als der zwischen den schlechten, höckerichten und schmutzigen Gebäuden in Tübingen und der reizenden Gegend umher. Nah und fern ist sie schön. Nach Süden sieht man in weiter Entfernung die Wirtembergische Alp [...]. Ferner sieht man über die ganze Stadt weg in die nahe Gegend, durch welche der schöne Neckarstrom fließt.

Gerne wanderten die Studenten zur Sankt-Remigius-Kapelle auf dem Kapellenberg westlich von Tübingen, die nach dem Dorf am Fuß des Berges bis heute allgemein nur Wurmlinger Kapelle ⓰ genannt wird. 1050 als Grabkapelle für Graf Anselm von Calw erbaut, brannte sie 1644 ab und wurde 1680 im Stil des Barock neu errichtet. Die Krypta aus der Zeit um 1150, der Friedhof und die idyllische Lage waren dazu prädestiniert, die Romantiker anzuziehen und zu inspirieren. 1805 schrieb Ludwig Uhland, angeregt durch Hirtenjungen, denen er auf einem seiner Spaziergänge dorthin begegnet war, das Gedicht *Die Kapelle*. Darin kehrt sich die vorherrschende Topografie des Todes um, die Lebenden sind hier unten, die Verstorbenen oben.

Droben stehet die Kapelle,
Schauet still ins Thal hinab,
Drunten singt bei Wies' und Quelle
Froh und hell der Hirtenknab'.

Traurig tönt das Glöcklein nieder,
Schauerlich der Leichenchor;
Stille sind die frohen Lieder,
Und der Knabe lauscht empor.

Droben bringt man sie zu Grabe,
Die sich freuten in dem Tal;
Hirtenknabe, Hirtenknabe!
Dir auch singt man dort einmal.

Die Sankt-Remigius-Kapelle thront auf dem Kapellenberg bei Wurmlingen und war ein beliebtes Ausflugsziel der Tübinger Romantiker um Uhland und Kerner.

Während die heutige Kapelle nach einem Brand barock aufgebaut und 1685 eingeweiht wurde, stammt die beeindruckende Krypta noch aus der Romanik.

Der Stiftsstudent und spätere Jurist Ludwig Uhland bildete zusammen mit dem Arzt Justinus Kerner das Zentrum jener locker verbundenen Schwäbischen Dichterschule, die nicht zuletzt durch Heinrich Heines polemische Angriffe Berühmtheit erlangte. Auch Gustav Schwab gehörte zu dem Romantikerkreis aus dem Südwesten; zehn Jahre nach Uhland wurde er durch dessen Gedicht zu einem eigenen Werk mit dem Titel *An die Wände einer Bergkapelle angeschrieben* angeregt. Nikolaus Lenau stimmte ebenfalls in den Chor ein. Als er 1831 Uhland besuchte, wanderten sie zusammen mit Schwab auf den Berg, Resultat war *Die Wurmlinger Kapelle*. Es ist nicht das letzte Gedicht auf die Kapelle, denn sie inspiriert bis heute Autorinnen und Autoren, aber es ist wohl das schönste:

Luftig, wie ein leichter Kahn,
Auf des Hügels grüner Welle,
Schwebt sie lächelnd himmelan,
Dort die friedliche Kapelle.

Einst bei Sonnenuntergang
Schritt ich durch die öden Räume;
Priesterwort und Festgesang
Säuselten um mich wie Träume.

Und Marias schönes Bild
Schien vom Altar sich zu senken,
Schien in Trauer, heilig mild,
Alter Tage zu gedenken.

Rötlich kommt der Morgenschein,
Und es kehrt der Abendschimmer
Treulich bei dem Bilde ein;
Doch die Menschen kommen nimmer.

Leise werd ich hier umweht
Von geheimen, frohen Schauern,
Gleich als hätt' ein fromm Gebet
Sich verspätet in den Mauern.

Scheidend grüßet hell und klar
Noch die Sonn' in die Kapelle,
Und der Gräber stille Schar
Liegt so traulich vor der Schwelle.

Freundlich schmiegt des Herbstes Ruh'
Sich an die verlaßnen Grüfte;
Dort, dem fernen Süden zu,
Wandern Vögel durch die Lüfte.

Alles schlummert, alles schweigt,
Mancher Hügel ist versunken,
Und die Kreuze stehn geneigt
Auf den Gräbern – schlafestrunken.

Und der Baum im Abendwind
Läßt sein Laub zu Boden wallen,
Wie ein schlafergriffnes Kind
Läßt sein buntes Spielzeug fallen. –

Hier ist all mein Erdenleid
Wie ein trüber Duft zerflossen;
Süße Todesmüdigkeit
Hält die Seele hier umschlossen.

Nicht nur zur Wurmlinger Kapelle, auch zum nicht weit entfernten Kloster Bebenhausen ⓱ waren die Studenten unterwegs. Von Mörike ist aus dem Jahr 1825 eine Wanderung von Tübingen dorthin überliefert, es war mit Sicherheit nicht die einzige. Und auch als sie gar keine Studenten mehr waren, unternahmen sie gerne Ausflüge zum ehemaligen Zisterzienserkloster. Ludwig Uhland, der 1830 eine Professur in seiner Geburts- und Universitätsstadt erhielt, nahm wie zur Wurmlinger Kapelle seine Freunde offenbar auch gern nach Bebenhausen mit, so etwa August Heinrich Hoffmann von Fallersleben. Von Uhland stammt zudem das Gedicht *Der letzte Pfalzgraf* (1815), in dem er den Untergang des verschuldeten Adelsgeschlechts schildert, das das Kloster gestiftet hat.

Ich Pfalzgraf Götz von Tübingen
Verkaufe Burg und Stadt
Mit Leuten, Gülten, Feld und Wald,
Der Schulden bin ich satt.

Zwei Rechte nur verkauf ich nicht,
Zwei Rechte, gut und alt:
Im Kloster eins, mit schmuckem Turm,
Und eins im grünen Wald.

Am Kloster schenkten wir uns arm
Und bauten uns zugrund,
Dafür der Abt mir füttern muß
Den Habicht und den Hund.

Im Schönbuch, um das Kloster her,
Da hab ich das Gejaid,
Behalt ich das, so ist mir nicht
Um all mein Andres leid.

Und hört ihr Mönchlein eines Tags
Nicht mehr mein Jägerhorn,
Dann zieht das Glöcklein, sucht mich auf!
Ich lieg am schatt'gen Born.

Begrabt mich unter breiter Eich'
Im grünen Vogelsang
Und lest mir eine Jägermeß!
Und dauert nicht zu lang.

Durch den wirtschaftlichen Niedergang der Pfalzgrafen erhielt das Haus Württemberg die Schirmvogtei über das reichsunmittelbare und einst äußerst reiche Kloster Bebenhausen. Auf Dauer gesehen, brachte der Schirm der Württemberger dem Zisterzienserkloster allerdings kein Glück, sondern das Ende, da sie es mit der Reformation 1534/35 aufhoben.

Zunächst wurde eine der evangelischen Klosterschulen hier eingerichtet. Ab 1777 unterrichtete Joseph Friedrich Schelling als zweiter, ab 1782 als erster Professor an der Schule. Sein Sohn Friedrich Wilhelm Joseph hatte das Problem, dass die Nürtinger Klosterschule, die er besuchte, ihn nach zwei Jahren nach Hause schickte, weil er seinen Mitschülern zu weit voraus war. In der Not wurde der Elfjährige zu den Sechzehnjährigen der Bebenhausener Klosterschule gesteckt. Angesichts dieses schulischen Schnelldurchlaufs eines Hochbegabten verwundert es nicht, dass Schelling im Alter von vierzehn Jahren eine »Geschichte des Klosters Bebenhausen« schrieb, die »vom Ursprung bis auf die itzigen Zeiten« reichen sollte, dann aber doch Mitte des 14. Jahrhunderts endet. Das Manuskript ist verlorengegangen, nur kurze Auszüge sind überliefert. Darin beschreibt Schelling die Umgebung des »wie hingegossen liegenden Klosters«, das »im Thale sehr tief« liege, was neben den Wäldern der Grund dafür sei, »warum hier kein so gutes Obst wächst als nur eine Stunde davon«, auch Trauben würden »eben deßwegen […] schwerlich gerathen«. Bald darauf wurde der erst fünfzehnjährige Schelling dank einer Sondergenehmigung zum Studium am Tübinger Stift zugelassen. Jahre später kam er mit seiner frisch angetrauten Frau Caroline wieder, sie schrieb über das Kloster: »Es liegt mitten im Walde, die Hirsche kommen und fressen einem aus der Hand.«

Bebenhausen scheint einen hohen Wiederbesuchswert bei den ehemaligen Stiftsstudenten gehabt zu haben, ein weiteres Beispiel dafür ist Eduard Mörike. 1863 hielt er sich mehrere

Nicht nur der Innenhof des ehemaligen Klosters Bebenhausen mit seinem Kreuzgang war Ziel der Tübinger Literaten, die gesamte Anlage wurde geschätzt.

Wochen im Landhaus seines Freundes Karl Wolff auf, um sich von einer verschleppten Lungenentzündung zu erholen und dem Leben in der Residenzstadt Stuttgart sowie seiner unglücklichen Ehe zu entfliehen. Die Eindrücke aus jenen ruhigen Herbsttagen hielt er in den *Bildern aus Bebenhausen* fest, einem Zyklus aus elf Distichen, der zu den besten Werken seiner Spätzeit gerechnet wird und lyrischer Ausdruck des »stündlich lebhaft angeregten Interesses an Allem was uns hier umgiebt« ist. 1874, ein Jahr vor seinem Tod, reiste er erneut für einige Sommerwochen an den Rand des Schönbuchs. An Wilhelm Hemsen schreibt er am 9. Juni 1874:

So säß ich denn zum erstenmale wieder seit 11 Jahren hier, im Angesicht des Klosters, dessen schöner Thurm mir auf zwei Hundert Schritte in das Fenster sieht, höre die alten Glocken wieder schlagen, den Gukukruf vom nahen Buchenwald herüber, und komme eben aus dem Garten, auf dessen oberster Terrasse ein langer schmaler Weg an einem niedern Mäuerchen hingeht, das seiner ganzen Länge nach mit Pfingstnelken bewachsen ist, welche die frische Morgenluft durchwürzen. Es ist halt einzig hier!

Einen Tag später jubelt Mörike: »Wir sind halb wie im Himmel hier – (*halb* aber ist für einen Erdenmenschen ja wahrlich mehr als genug).« Mörike hatte Glück, dass er bei seinen Besuchen nicht vor Ruinen stand.

1806/07 wurden Schule und Klosteramt aufgelöst, den Kapfschen Bau ließ König Friedrich I. zum Jagdschloss herrichten. Fast wären später bedeutende Teile des Klosterareals dem Abriss zum Opfer gefallen. Durch Zufall erfuhr Ludwig Uhland über einen Verwandten, der hoher Beamter in Bebenhausen war, von diesen Plänen. Laut Karl Mayer, einem ehemaligen Studienfreund Uhlands und Mitglied des Schwäbischen Dichterkreises, war der Vetter zwar gegen den Verkauf und Abbruch der Kirche, nicht aber »des Kreuzgangs und der übrigen Bauwerke«, »da sie keinen Kunstwerth zu haben scheinen«. Uhland dagegen führte »ihm mit aller Energie das Gegentheil und den Vandalismus dieser beabsichtigten Demolitionen zu Gemüth«. Dank seiner »viel geltenden Autorität zu einer Zeit, in der Schreiber und Architekten mit den Bauresten der Vorzeit nicht vandalisch genug zu verfahren wußten«, habe er »für die Rettung der trefflichen Klosterbauten von Bebenhausen auf das wohlthätigste« eingewirkt. Tatsächlich wurden ab Mitte des 19. Jahrhunderts bereits veräußerte Teile des Klosters zurückgekauft und König Karl begann mit seinem Amtsantritt 1864 die Gebäude zu modernisieren.

Ludwig Uhland kam in Tübingen zur Welt, studierte hier, lebte 19 Jahre in Stuttgart und kehrte 1831 für den Rest seines Lebens in seine Geburtsstadt zurück.

Schellings Beschreibung nach lebte er mit seiner Familie im Kapfschen Bau von Bebenhausen, der früher den Mönchen als Krankenhaus (»Infirmarie«) diente.

Nicht nur Bebenhausen und die Wurmlinger Kapelle, auch das Waldgebiet des Spitzbergs oder die Täler von Neckar und Ammer waren in ihrer Jugend Ziele der Tübinger Romantiker. Bei einem dieser Streifzüge erfanden Eduard Mörike und sein Kommilitone Ludwig Amadeus Bauer 1825 die sagenhafte Insel »Orplid«. Bauer erinnert sich:

Ich möchte mit dir in dem Hüttchen auf dem Spitzberge sitzen und das Rauschen der Tannenwipfel hören. […] Es war, so viel weiß ich, ein herrlicher Morgen. Du führtest mich an die Quelle, links von der Reutlinger Straße, dann giengen wir noch eine Weile im Wald spazieren. Als wir eben von dem Fußwege auf die Straße kommen wollen, sagte ich: wir sollten mit Zweigen eine Hütte bauen im Walde, und dieß sollte vorstellen, wie sich Leute eine Stadt bauen; – wie möchte sie doch heißen? »Orplid«, sagtest Du. […] Nach Jakobi, also nach dem 25. Julius, muß es gewesen sein […].

Der letzte König von Orplid und Weyla, die Beschützerin der Insel; Illustration von Heinrich Reifferscheid zu Mörikes »Gesang Weylas«.

Laut Mörike zeichnete Wilhelm Waiblinger dieses Porträt selbst. Es entstand zwischen 1822 und 1826.

Das verloren gegangene Paradies mit seiner Schutzgöttin Weyla und immer wieder neuen Figuren, die es bevölkerten, wurde zum Rückzugsort aus der engen Tübinger Stiftswelt und floss in Mörikes Dichtung ein, etwa den *Maler Nolten*.

Zum engen Freundeskreis Mörikes gehörte auch Wilhelm Waiblinger, der sich im Sommer 1823 ein Refugium auf dem östlich der Altstadt gelegenen Österberg schuf. Waiblinger, der ab 1822 in Tübingen Theologie studierte, mietete sich das zweistöckige, aus Holz erbaute und mit einem pagodenähnlichen Turm versehene Gartenhaus des Archidiakon Gottfried Pressel, das etwa an der Stelle des heutigen Altbaus des Anatomischen Instituts lag. Er wollte dort unter anderem an seinem später verschollenen Roman *Feodor* arbeiten. Am 14. August hält Waiblinger in seinem Tagebuch fest: »Heute las ich ›Feodor‹ durch. Mörike korrigierte Blatt für Blatt nach. Herrlicher Mittag im Gartenhaus […].« Nicht immer ging es so friedlich zu. Der zu Alkoholexzessen und starker Unruhe neigende Waiblinger focht bei Gelagen im Gartenhaus manchen zum Teil sogar gefährlichen Streit mit seinen Freunden aus. Innerlich ruhiger schien er in Gegenwart eines Mannes zu werden, der ihn ganz besonders anzog und den er oft zu einem Spaziergang ins Gartenhaus einlud: Friedrich Hölderlin.

In seiner Erzählung *Im Presselschen Gartenhaus* (1913) vergegenwärtigte sich Hermann Hesse, der als Lehrling bei der Tübinger Buchhandlung Heckenhauer bestens mit den Gegebenheiten vor Ort vertraut war, einen solchen Ausflug von Waiblinger, Hölderlin und Mörike. Im Gartenhaus angekommen, zerpflückt Hölderlin einen unterwegs gesammelten Blumenstrauß:

Währenddessen war er an das breite, niedere Fenster getreten, das über den lichten Weinberg und die tieferliegenden Gärten hinweg eine weite stille Aussicht auf das Flußtal und auf die hohen Berge der Alb darbot. In den Anblick der hellen, friedevollen Sommerlandschaft versunken, blieb er stehen, tief die reine, von Sonnenschein und Rebenblüte erfüllte Luft atmend, und an seinen entspannten und beglückten Mienen war zu merken, daß diesem schönen Bilde seine Seele noch in der alten Zartheit und heiligen Empfänglichkeit offenstehe und Antwort gebe.

Der 1770 in Lauffen am Neckar geborene Hölderlin gehörte einer früheren Generation von Stiftsabsolventen an als Mörike und Waiblinger. Nachdem er das Landexamen bestanden und die evangelischen Seminare in Denkendorf und Maulbronn absolviert hatte, war er 1788 ins Stift eingetreten. Schon in Maulbronn hatte ihm die Vorstellung, Pfarrer werden zu müssen, zutiefst widerstanden. Wilhelm Waiblinger schreibt in seiner Biografie:

Hölderlins böses Geschick führte ihn in ein Seminarium, worin junge Leute für das Studium der Theologie vorbereitet und erzogen werden. Er wurde, wie er

Friedrich Hölderlin in einer Bleistiftzeichnung, die Johann Georg Schreiber und Rudolf Lohbauer laut einer Anmerkung von Mörike 1823 »in Eile« anfertigten.

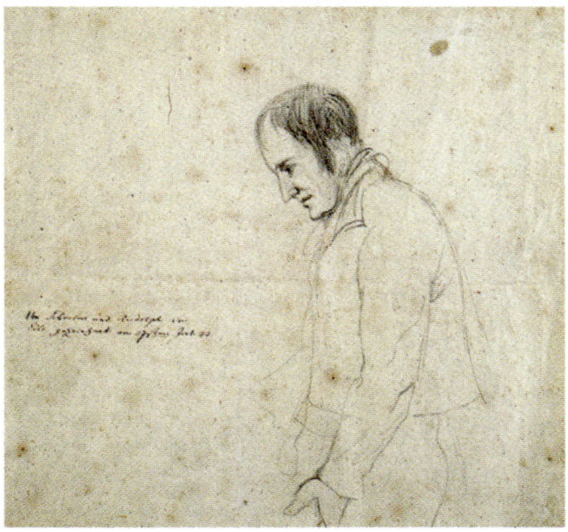

Hoch über dem Neckar liegt die zwischen 1803 und 1805 in der heutigen Form erbaute Tübinger Burse. Hier war das erste Klinikum der Universitätsstadt untergebracht, in dem Friedrich Hölderlin einige Monate behandelt wurde.

selbst in seinen spätern Jahren, ja noch zur Zeit seines Irrens sagte, von außen bestimmt, und gezwungen, sich der Theologie zu widmen. Diß widersprach gänzlich seiner Neigung. Er hätte sich gerne dem Studium der alten Litteratur, den schönen Künsten, vorzüglich der Poesie, und auch der Philosophie und Aesthetik ausschließlich überlassen mögen.

Von außen bestimmt wurde Hölderlin vor allem durch seine Mutter. Sie bestand auf dem Studium, das durch das Stipendium finanziell abgesichert war, und hielt Hölderlins Vermögen, das er vom früh verstorbenen Vater ererbt hatte, streng zusammen. Nach schweren Krisen und Kämpfen fügte der Sohn sich. Immerhin fand er in der Freundschaft zu Christian Ludwig Neuffer, Rudolf Magenau, Georg Wilhelm Friedrich Hegel und Friedrich Wilhelm Joseph Schelling einen Ausgleich. Er begann sich der Philosophie zuzuwenden und entdeckte seine Liebe zum alten Griechenland. Ein erster Entwurf des *Hyperion* entstand. Dass seine Zukunft nicht im Pfarrberuf lag, blieb ihm immer bewusst, und so flüchtete er sich nach dem Studium auf eine Hauslehrerstelle bei Charlotte von Kalb in Waltershausen, der weitere Stationen folgten. Hölderlin versuchte als Schriftsteller und Übersetzer antiker griechischer Werke Fuß zu fassen, kam mit Goethe und Schiller in Kontakt, verliebte sich unglücklich in die Frankfurter Bankiersfrau Susette Gontard, wechselte immer schneller die Aufenthaltsorte und Anstellungen und wurde immer unruhiger. Als 1806 sein Freund Isaac von Sinclair des Hochverrats bezichtigt wurde und man auch gegen Hölderlin ermittelte, eskalierte die Situation. Hölderlin wurde gegen seinen Willen und unter heftiger Gegenwehr nach Tübingen gebracht und ins Universitätsklinikum eingeliefert, das gerade erst von Johann Heinrich Ferdinand Autenrieth gegründet worden war.

In dem Gebäude, das sich in der Alten Burse befand, gab es drei Zimmer für psychisch Kranke, Hölderlin sollte in einem davon die nächsten 231 Tage verbringen. Zu seiner Betreuung war der Medizinstudent Justinus Kerner eingeteilt, der im Ludwigsburger »Tollhaus« bereits Erfahrungen mit »Irren« gemacht hatte, und als Irrer galt Hölderlin ab jetzt. Außer einem von Kerner geführten Rezeptbuch ist so gut wie nichts über die Behandlung bekannt, man kann jedoch davon ausgehen, dass sie verstärkt mit Zwangsmaßnahmen einherging. Da sich keine Besserung einstellte, Hölderlins Zustand sich sogar verschlimmerte, suchte Autenrieth schließlich nach einer Pflegestelle und fand sie beim Schreiner Ernst Zimmer. Der Obermeister der Tübinger Schreinerzunft hatte den *Hyperion* gelesen, der ihm »ungemein wohl gefiel«. Er »besuchte Hölderlin im Clinikum und Bedauerte ihn sehr, daß ein so schöner Herlicher Geist zu Grund gehen soll«. Am 3. Mai 1807 nahm er Hölderlin in seinem Haus auf, einem zur mittelalterlichen Stadtbefestigung gehörenden und zu Werkstatt und Wohnung umgebauten Anwesen mit Turm, das er gerade erst gekauft hatte.

Friedrich Hölderlin wurde im Turmzimmer, dem »Rundel«, untergebracht, das heute nur noch annähernd in der damaligen Form existiert, da das Haus 1875 abbrannte und danach verändert wieder aufgebaut wurde. In seinen Wirtsleuten fand er gebildete, verständnisvolle und herzlich um ihn besorgte Menschen. Als der Schreinermeister 1838 starb, kümmerte sich

Einer der größten Anziehungspunkte in Tübingen und der Region ist der Turm, in dem Hölderlin viele Jahre lebte und der heute eine Gedenkstätte beherbergt.

seine 1813 geborene Tochter Charlotte um den Dichter. Die Lage des Rundels war für Hölderlin ideal, was seinem Hauswirt durchaus bewusst war: »Hölderlin war und ist noch ein großer Natur Freund und kann in seinem Zimmer daß ganze Näkertal samt dem Steinlacher Tal übersehen.« Der Neckar war damals noch nicht in ein Bett gezwungen, der unverbaute Blick reichte bis zur Schwäbischen Alb. Was er sah, ging in Hölderlins späte Dichtung ein, etwa in das Gedicht *Der Frühling*:

Der Mensch vergißt die Sorgen aus dem Geiste,
Der Frühling aber blüh't, und prächtig ist das Meiste,
Das grüne Feld ist herrlich ausgebreitet
Da glänzend schön der Bach hinuntergleitet.

Die Berge stehn bedecket mit den Bäumen,
Und herrlich ist die Luft in offnen Räumen,
Das weite Tal ist in der Welt gedehnet
Und Turm und Haus an Hügeln angelehnet.
Mit Unterthänigkeit
Scardanelli

Ernst Zimmer war überzeugt, dass Hölderlin »zuweilen seinen Zustandt fühlt«. Wie viel er wirklich bewusst von seiner Situation mitbekam, ist in der Forschung umstritten und wird vermutlich nie geklärt werden.

Varnhagen von Ense war einer der ersten Besucher und charakterisiert seinen Zustand sehr genau:

Zu einem andern Dichter hat mich Kerner geführt, zu einem Dichter im wahren vollen Sinne, einem echten Meister der Poesie, der aber nicht am Hofe zu suchen ist noch in Cottas Abendgesellschaft, sondern – im Irrenhaus. […] Der arme Hölderlin! Er ist bei einem Schreiner in Kost und Aufsicht, der ihn gut hält, mit ihm spazierengeht, ihn soviel als nötig bewacht; denn sein Wahnsinn ist nicht grade gefährlich, nur darf man den Einfällen nicht trauen, die ihn plötzlich anwandeln könnten. Er raset nicht, aber spricht unaufhörlich aus seinen Einbildungen, glaubt sich von huldigenden Besuchern umgeben, streitet mit ihnen, horcht auf ihre Einwendungen, widerlegt sie mit größter Lebhaftigkeit, erwähnt großer Werke, die er geschrieben habe, andrer, die er jetzt schreibe, und all sein Wissen, seine Sprachkenntnis, seine Vertrautheit mit den Alten stehen ihm hiebei zu Gebot; selten aber fließt ein eigentümlicher Gedanke, eine geistreiche Verknüpfung in den Strom seiner Worte, die im ganzen nur gewöhnliches Irrereden sind.

Hölderlin wurde zunächst von den ehemaligen Bekannten und Vertrauten besucht. Ab dem Sommer 1822 kümmerte sich Wilhelm Waiblinger viel um ihn, holte ihn zu Spaziergängen ab und nahm ihn mit ins Gartenhaus. Hölderlin wurde in dessen

Friedrich Hölderlin verstarb nach langer Geisteskrankheit am 7. Juni 1843. Bis zuletzt lebte er im Turm. Sein Grab befindet sich auf dem Stadtfriedhof.

FRIEDERICH
HÖLDERLIN
GEB. 20. MÆRZ 1770.
GEST. 7. IUNI 1843.

Gegenwart zugänglicher und produktiver. Inzwischen betrieben Mitglieder der Schwäbischen Romantikerschule die Herausgabe seiner Werke, 1822 erschien eine zweite Auflage des *Hyperion*, 1826 die durch Gustav Schwab und Ludwig Uhland besorgte erste Gedichtsammlung. Mit der Zeit entwickelte sich der »verrückte« Dichter zu einer Art Sehenswürdigkeit, die man besucht haben musste. Georg Herwegh schreibt:

Es ist rührend mit anzusehen, welche Anhänglichkeit die akademische Jugend dem wahnsinnigen Dichter in Tübingen bewahrt hat; mehr als Neugierde mag es sein, wenn sie zu dem 70jährigen Greis wallfahrt, der ihr nichts mehr bieten kann, als einige übergegriffene Akkorde auf einem elenden Klaviere.

Auf der Grundlage der überlieferten Quellen vergegenwärtigt sich Peter Härtling in seinem biografischen Roman *Hölderlin* solche Besuche:

Da er niemandem etwas antut, ganz mit sich selbst beschäftigt ist, darf er im Haus und vor dem Haus frei herumgehen, aber die vielen Besucher führt man, nach einem erprobten Ritual, stets in das runde Zimmer. Viele kommen: Conz und Haug, Uhland, Kerner und Schwab. In den späteren Jahren Mörike, Waiblinger und Gustav Schwabs Sohn, Christoph Theodor, zu dem Hölderlin besonderes Vertrauen faßt. Nie empfängt er die Betrachter seines Wahnsinns sitzend. Er hat sich eine Szene zurechtgelegt, steht, den einen Arm gestützt auf ein halbhohes Wandschränkchen, nachlässig und aufmerksam, und läßt nichts zu als den Austausch von Höflichkeiten. In den späteren Jahren erzählt er mitunter, oder er liest aus seinem »Hyperion« vor. Bittet man ihn aber um ein Gedicht, so schreibt er rasch einen Vierzeiler […].

Am 7. Juni 1843 starb Hölderlin überraschend und wurde auf dem Tübinger Stadtfriedhof beigesetzt. Charlotte Zimmer, die ihn so lange gepflegt hatte, blieb unverheiratet in ihrem Elternhaus wohnen und kümmerte sich darum, dass das Hölderlin-Zimmer möglichst unverändert blieb. 1865 wurde das Anwesen verkauft, 1874 erstand es der Schuhmachermeister Carl Friedrich Eberhardt, der mit seiner Familie anfing, den Turm als Hölderlinturm zu vermarkten. 1921/22 erwarb die Stadt Tübingen das Anwesen, unterstützt von der »Vereinigung zur Erhaltung des Hölderlinturms«. Turm und angrenzendes Haus entwickelten sich im Lauf der Zeit immer stärker zu einem adäquaten Erinnerungs-, Forschungs- und Veranstaltungsort. Verwaltet wird der gesamte Komplex von der 1943 gegründeten, 1946/47 in der heutigen Form konstituierten Hölderlin-Gesellschaft. Tübingen ist längst über die Zeit um 1800 hinausgewachsen, in der es ein schmutziges, dunkles Häufchen Häuser- und Gassenelend ohne Weltläufigkeit war, heute besitzt es, auch in literarischer Hinsicht, viele Attraktionen. Mit dem Hölderlinturm nennt es aber einen Ort sein Eigen, der für das Land und auch weit über die Grenzen hinaus zum Mythos wurde.

Ein Dichterarzt und »seine zauberische Besitzung«

Nach dem Hölderlinturm in Tübingen verdient im Großraum Stuttgart vermutlich kaum ein Ort mehr die Bezeichnung »mythische Dichterstätte« als Weinsberg mit dem legendären Kernerhaus ⓲ und der Burg Weibertreu ⓳. Biedermeiertapeten an den Wänden, in den Schränken Porzellan und Glas, ein langer Tisch aus gediegenem Holz, auf dem Zinngeschirr und Schüsseln mit schwäbischer Hausmannkost stehen. Der Tisch ist dicht besetzt mit Menschen, es wird gelacht, diskutiert, gestikuliert, gegessen und ein leichter Wein getrunken. An heißen Sommertagen ist im Garten unter Apfelbäumen gedeckt, im Winter sitzen die Menschen in der Nähe

Das Weinsberger Kernerhaus war früher der schwäbische Treffpunkt der Romantiker. 1908 wurde es der Öffentlichkeit zugänglich gemacht. Dank des authentischen Charakters ist das Haus noch immer eine große Attraktion.

des wärmenden Kamins. Die Kinder schlafen oben im Dachgeschoss unter einem gemütlichen Tonnengewölbe selig in den nächsten Tag hinein – oder auch nicht, weil neue Gäste angekommen sind, für die die Betten gebraucht werden, und der Junge sowie die beiden Mädchen sich andere Schlafinseln suchen müssen. Solche Bilder kommen den Besuchern oder Lesern in den Sinn, wenn vom Weinsberger Kernerhaus die Rede ist. Es sind Bilder voller Idylle, Heimeligkeit und Gastfreundschaft, die äußerst anziehend wirken – das war im 19. Jahrhundert so, als das Gebäude noch bewohnt war, und es ist heute so, wo es Museum ist.

Das Haus, das der Oberamtsarzt und Dichter Justinus Kerner erbauen ließ und ab 1822 bewohnte, war ein Ort mit besonderer Ausstrahlung. Wer kam, schien sich daheim zu fühlen. Für die aus Tübingen angereiste Schriftstellerin Ottilie Wildermuth war es »stets wie eine zweite Heimat«, und der Komponist Friedrich Silcher schwärmte 1828:

Die Stunden, welche mir in Weinsberg zu Theil geworden sind, zähle ich unter die schönsten meines Lebens. Sooft sie vor meiner Seele stehen, erscheint mir dieser Ort als der liebste Punkt des freundlichen Unterlandes und – Sie dürfen es glauben – ich weide mich recht oft daran.

David Friedrich Strauß, der Freund aus Ludwigsburger Kinder- und Jugendtagen, fängt in seinem Nachruf auf Kerner die Anziehungskraft des Hauses aufs Schönste ein:

Der Reisende glaubte nicht in Schwaben gewesen zu sein, wenn er nicht das Kerner'sche Haus besuchte; hatte er es aber einmal besucht, so kam er wo möglich wieder, oder schickte Andere, die er durch seine Schilderungen begierig gemacht hatte; und so wurde dieses kleine Haus zu einem Wallfahrtsorte, einem Asyl, wo Empfängliche Anregung für Geist und Herz, Bekümmerte Trost, Lebensmüde Erquickung suchten und fanden.

Dem Hausherrn attestiert Strauß einen schwer zu beschreibenden »poetischen Zauber«.

Empfunden aber haben denselben die meisten, die ihm auch nur vorübergehend nahe kamen, und ohne Ausnahme alle, die länger und öfter in seiner Nähe weilen durften.

Nicht Kerner allein prägte die Seele des Hauses, einen nicht zu unterschätzenden Anteil daran hatte auch seine Frau, die »unvergeßliche Friedericke«, die laut Strauß Kerners »überwallendem Gefühl, seiner erregbaren Einbildungskraft« den notwendigen »nüchternen, praktischen Verstand« entgegensetzte. Sie sorgte dafür, dass der finanziell nicht gerade gut gestellte Arzthaushalt trotz der Gästeflut in keine prekäre Lage kam. Theodor Heuss, aus dem nicht weit entfernten Brackenheim stammend und mit der Familie Kerner weitläufig verwandt, betont 1958 in *Brot und Wein* die bedeutende Stellung Friederike Kerners innerhalb der schwäbischen Geistesgeschichte. Während die Berliner Romantik ihre Salons mit Rahel Varnhagen und

Dorothea Veit-Schlegel gehabt habe, »so hatte die schwäbische ihre Wegschenke, ihre Herberge, ihr Sommergasthaus, das aller Welt Kindern offen stand, und besaß ihren fraulich klugen Geist«. Sei Kerner »ein Kauz, nachlässiger Sonderling mit selbstsicherer, fast weltmännischer Unbefangenheit gegen jedermann« gewesen, so habe »diese Frau, mit heiterem Gleichmut« neben ihm gestanden und »ein gelassen sicheres Regiment in Geld- und Krankendingen« geführt sowie »diesem Haus, das immerzu von Fremden überflutet war, seine wohnliche Ruhe« gegeben.

Justinus Kerner hatte Friederike Ehmann 1807 bei einem Geburtstagsfest für seinen engen Freund Ludwig Uhland kennengelernt. Zur Eheschließung mit der rund neun Monate älteren, früh verwaisten Tochter eines Klosterschullehrers aus Ruit war es aber erst 1813 gekommen. Der Dichterarzt hatte vorher noch eine kleine Odyssee zu absolvieren gehabt: Nach seiner Promotion 1808 war er auf Reisen gegangen und hatte zwei Jahre später in Dürrmenz zu praktizieren begonnen, 1811 hatte er als Badearzt in Wildbad und 1812 als praktischer Arzt in Welzheim gearbeitet. Auch nach der Eheschließung und der Geburt des ersten Kindes – Tochter Marie kam Ende des Jahres 1813 zur Welt – war keine Ruhe eingekehrt. Erst als er 1815 als Oberamtsarzt nach Gaildorf und 1819 schließlich als Oberamtsarzt nach Weinsberg berufen wurde, änderte sich dies allmählich. In

Justinus Kerner wenige Monate vor seinem Tod. Sein Sohn schreibt: »Das Bild wurde sehr ähnlich«, das abgemagerte Gesicht »zeigt einen leidenden Zug«.

Friederike Kerner, geborene Ehmann, auf einer Daguerreotypie aus den 1840er-Jahren. Ohne sie hätte das Kernerhaus mit seiner legendären Gastfreundschaft nicht funktioniert.

Justinus Kerner versammelt am Geisterturm seine Dichter-Freunde um sich; Holzstich von August Neumann nach einem Gemälde von Heinrich Rustige, 1865.

Weinsberg fand die Familie, seit 1817 um den Sohn Theobald reicher geworden, eine neue und bleibende Heimat. Schon ein Jahr später schenkte die Stadt ihrem Arzt jenes Grundstück, auf dem das Kernerhaus errichtet wurde, in dem noch im Jahr des Einzugs das dritte Kind, Emma, zur Welt kam.

Justinus Kerner war Arzt aus Leidenschaft und hatte sein Studium hart erkämpfen müssen, da sich seine Mutter durch den frühen Tod ihres Mannes nicht in der Lage gesehen hatte, ihm die Ausbildung zu bezahlen. Nur dank der Unterstützung seines ehemaligen Lehrers Karl Philipp Conz hatte er die ungeliebte kaufmännische Lehre in der herzoglichen Tuchfabrik von Ludwigsburg aufgeben und an die Tübinger Universität wechseln können. Dennoch fühlte er sich vor allem in jungen Jahren von den Opfern und der Verantwortung, die der Arztberuf ihm abverlangte, fast erdrückt. Immer wieder beklagte er sich in seinen Briefen, wie etwa am 2. Februar 1812 gegenüber dem Freund Ludwig Uhland:

Mein Leben ist aus! ich kann dir nichts sagen, als daß mir alles höchst überdrüssig und widrig ist, daß ich immer kränker im Gemüth werde und keine Hilfe weiß. […] Mein Gemüth leidet als Arzt unbeschreiblich immer mehr, je länger ich es bin. Die unbedeutendsten Krenke sehe ich alsbald todt …

Seine zweite große Leidenschaft, das Dichten, litt unter dieser Belastung schwer. Schon während seiner Lehrzeit hatte Kerner heimlich Gedichte verfasst, im Studium hatte er sich mit gleichgesinnten Studenten wie Ludwig Uhland, Gustav Schwab, Heinrich Köstlin und Karl Mayer befreundet. Zusammen waren sie als Schwäbische Dichterschule oder auch Schwäbische Romantik in die Literaturgeschichte eingegangen. Ihre und ganz besonders Kerners Begeisterung für Volkspoesie, Naturerlebnis und die Tiefen der menschlichen Seele floss in ihre Werke ein. Kerner wurde mit Gedichten wie *Der Wanderer in der Sägmühle*, *Wanderlied* und *Der reichste Fürst* überregional bekannt. Robert Schumann fühlte sich stark durch »die geheimnißvolle und überirdische Kraft« der Gedichte angezogen, sodass er mehrere vertonte. Doch nicht nur Gedichte, sondern auch Prosawerke, naturwissenschaftliche Abhandlungen und die höchst originelle Schöpfung der *Klecksografien*, bei denen Justinus Kerner Tintenkleckse zu Phantasiefiguren ausformte und mit kurzen Texten versah, umfasst sein Werk. Bedenkt man, dass er bis 1851 als Arzt praktizierte, einen ausgedehnten Briefwechsel führte und sein Haus selten ohne Gäste war, kann man über diese literarische Ausbeute nur staunen.

All die Besucher mussten natürlich untergebracht werden, und so wurde das im Schweizer Stil erbaute Haus mehrmals erweitert. Außerdem kaufte Kerner der Stadt 1823 den Geisterturm ab, ein ehemaliges Gefängnis, das im unteren Teil ein Burgverlies besessen hatte. Das Zimmer im Oberstock wurde nun als Gästezimmer genutzt und mit einem behaglichen Sessel ausgestattet. Dieser stand, laut Theobald Kerner, »an einer Stelle, von der aus man die schönste Aussicht auf die nahen Berge des Weinsberger Tales hatte«. Nachdem kurz hintereinander die Lyriker Ludwig Tieck und Friedrich Matthisson darin gesessen hatten, wurde er »als geweihter Dichtersitz allgemein hochgeachtet«. »Alle Dichter, die den Turm bestiegen und hörten, welche Bewandtnis es mit dem Stuhl habe, meinten jetzt, sie müß-

Der Geisterturm wurde von Justinus Kerner zu einem Refugium für seine Gäste hergerichtet.

ten auch, und sei es nur einige Minuten, darin gesessen haben.« Als eines Tages ein angehender Theologe kam, sich in den Dichterstuhl setzte und eine halbe Stunde lang seine Gedichte zum Besten gab, habe ihm der Hausherr geantwortet:

[...] während Sie lasen, mußte ich immer nur den Tieckstuhl betrachten, in dem Sie saßen; der machte ganz kuriose Gesten, das eine Mal schüttelte er sich, dann kratzte er sich wieder mit dem Fuße hinter der Stuhllehne, und bei einigen Stellen Ihrer Gedichte schlug er sogar mit beiden Hinterfüßen hinaus und machte einen Satz – es war merkwürdig anzusehen.

Der Dichter sei daraufhin schnell verschwunden. Sehr viel länger blieb Nikolaus Lenau oder vielmehr Nikolaus Franz Niembsch Edler von Strehlenau; das Benehmen des Stuhls dürfte bei ihm allerdings auch ein vollkommen anderes gewesen sein. Der 1802 im damals ungarischen Csatád (heute das rumänische Lenauheim) geborene Schriftsteller verfasste hier Teile seines 1836 erschienenen lyrischen Dramas *Faust*. Wie Kerner selbst in einem Brief 1834 schrieb, hatte Lenau die Angewohnheit, bei Tisch mit der Gabel ins Tischtuch zu stechen, was ihm Friederike verständlicherweise versagte. Der Dichter drohte ihr daraufhin an, sie »mit ihrem Tischzeug in meinen Faust zu bringen«. Er hielt Wort, im Kapitel »Die Schmiede« kommt Faust zum Schmied und seiner Frau, gebannt hören beide den abenteuerlichen Erzählungen des Gasts zu.

Wie strahlt der Wirtin freundliches Gesicht!
Nur manchmal wird ihr blühend Antlitz blässer,
Wenn Faust im Eifer das geschwungne Messer
Ins feine Tischtuch ihr zuweilen sticht;
Faust spricht, die Dulderin anlächelnd spöttisch:
»Oft schon ergetzte mich auf meiner Fahrt
Der guten Hausfraun wunderliche Art,
Daß sie am Tischzeug hangen fast abgöttisch,
Daß so ein Stich auf ihre weißen Linnen
Ins Herz sie trifft!« – Er stoßt die Messerspitze
Tief durchs geblümte Tuch, und aus der Ritze
Sehn alle schreckenbleich Blutstropfen rinnen.

Faust sorgt schnell wieder für das Verschwinden des Bluts, doch das Vertrauen der Hausfrau kann er ab nun nicht mehr zurückgewinnen. Friederike Kerner hatte trotz der Gabelattacken gegenüber Lenau bestimmt kein Vertrauensproblem, sondern hieß ihn offensichtlich herzlich willkommen. Immerhin fühlte er sich im Kernerhaus, über dem seiner Meinung nach »ein guter Stern« stand, so wohl, dass er oft wochenlang blieb. Weilte er im Geisterturm, um am *Faust* zu dichten, spürte er aber laut Theobald Kerner »oft deutlich, wie der Teufel hinter mir steht und mir über die Achsel ins Manuskript schaut«. Meist wohnte er im Alexanderhäuschen, das Justinus Kerner 1828 gekauft hatte und als Gartenhaus nutzte. Seinen Namen erhielt es Kerners Freund, dem Offizier und Dichter Alexander Graf von Württemberg, zu Ehren. Besonders mochte Lenau eines der beiden Schlafzimmer dort. Es besaß eine Tapete, auf der in Medaillenform Szenen aus Werken von Goethe und Schiller, aber auch Christus am Kreuz und andere Motive abgebildet waren, was ihn zum Nachdenken anregte.

Wenig begeistert vom Aufenthalt im Alexanderhäuschen war Kerners Nichte Antonie von Baur-Breitenfeld, die später unter dem Namen Tony Schumacher als Kinderbuchautorin berühmt wurde. Das um 1600 erbaute Gebäude stand in dem Ruf, einst als Beinhaus gedient und mitten in einem Friedhof gestanden zu haben, weshalb es auch »Gespensterhäuschen« genannt wurde. Das damals elfjährige Mädchen sollte in Lenaus Lieblingsschlafzimmer seinen Mittagsschlaf halten, was ihm aber nicht gleich gelingen wollte, denn auf der Tapete war unter anderem eine Szene aus Schillers Gedicht *Die Kindsmörderin* abgebildet:

Grau in Grau hob sich die Gestalt eines Weibes mit langen Haaren, das mit ausgestreckten Armen im Begriff war, ihr kleines Kind in ein Wasser zu werfen. Rätselhaft erschien mir das Ganze, und wo ich hinblickte, immer dieselbe Figur und das arme kleine Ding, und sie schienen aus allen Ecken auf mich zuzukommen, was vielleicht hypnotisierend wirkte, denn ich habe schließlich geschlafen.

Nikolaus Lenau im Jahr 1832 auf einem Aquarell von Marietta Zoepperitz.

»Hypnose« ist ein Begriff, den nicht nur Tony Schumacher in ihren Erinnerungen *Was ich als Kind erlebte* mit Justinus Kerner und dem Kernerhaus in Verbindung bringt. Kerner war eben nicht nur ein Genie der Freundschaft und ein Dichter, er war auch ein engagierter und naturwissenschaftlich forschender Arzt. So verfasste er zahlreiche medizinische und naturwissenschaftliche Schriften und beschrieb 1822 in seinem Werk *Das Fettgift oder die Fettsäure und ihre Wirkung auf den tierischen Organismus* als Erster den Botulismuserreger. Am meisten Aufmerksamkeit erzielte er mit seiner 1829 erschienenen Abhandlung *Die Seherin von Prevorst.*

Schon in jungen Jahren hatte Kerner, selbst zu Depressionen neigend, sich den Nachtseiten der Seele zugewandt. Während er in Ludwigsburg seine Tuchhändlerlehre absolviert und, wie damals üblich, im Lehrbetrieb gewohnt hatte, war er im angrenzenden »Tollhaus« mit den psychisch Kranken in Kontakt gekommen. Er hatte sie gern und oft besucht, und schon da-

Seite zu Friederike Hauffe aus Theodor Kerners Klebealbum, darauf zu sehen sind die Seherin, ihr Geburtshaus, der Geisterturm und eine Klecksografie.

mals hatte sich sein Talent im Umgang mit ihnen gezeigt. In Weinsberg sollte es nicht anders sein. Der Anhänger von Franz Anton Mesmer und dessen »animalischem Magnetismus« widmete sich auch hier deren Behandlung. So wurde ab 1826 Friederike Hauffe, geborene Wanner, von ihm behandelt. Die 1801 zur Welt gekommene Tochter eines Revierförsters aus Prevorst ⓴ war teilweise in Oberstenfeld aufgewachsen. Besonders eng hatte sie sich mit dem dortigen Stiftsprediger Johann Gottlieb Tritschler verbunden gefühlt, von dem sie konfirmiert worden war. Am 21. Juni 1821 war dieser jedoch infolge eines Schlaganfalls verstorben und am Tag von Friederikes Heirat mit dem Kaufmann Gottlieb Hauffe beerdigt worden. Am offenen Grab sei der jungen Frau laut Kerner »auf einmal ganz leicht und hell« geworden. Von diesem Augenblick an hatte sie sich von der Welt zurückgezogen und psychosomatische Störungen sowie parapsychologische Fähigkeiten entwickelt. Als Friederike Hauffe zu Justinus Kerner kam, befand sie sich in einem lebensbedrohlichen Zustand. Kerner magnetisierte sie und behandelte sie homöopathisch, tatsächlich besserte sich ihr Zustand. Der Fall sprach sich herum und brachte dem Kernerhaus einmal mehr ein Heer von Besuchern aus nah und fern, darunter zahlreiche Naturforscher, Philosophen und Mediziner von Rang. Letztlich konnte aber auch der Dichterarzt Friederike Hauffe nicht helfen. Kurz vor ihrem Tod wurde sie auf eigenen Wunsch nach Löwenstein ㉑ gebracht, wo sie als Kind viel Zeit bei den Großeltern verlebt hatte. Wie sie exakt vorausgesagt hatte, starb sie dort – in der heutigen Maybachstraße 19/21 – am 25. August 1829. Begraben wurde sie auf dem Waldfriedhof.

Kerner besaß viele Talente und viele Interessen, neben der Medizin und der Literatur hatte es ihm auch die Geschichte angetan. Kaum in Weinsberg sesshaft geworden, erforschte er die Wurzeln seines neuen Wohnorts. Besonders interessierte ihn die Ruine der Weibertreu, die sich in unmittelbarer Nähe seines Hauses befand. Prominent thronte die vermutlich im frühen 11. Jahrhundert erbaute Höhenburg über dem Ort, bis heute ist sie das schon von Weitem sichtbare Wahrzeichen der Stadt. 1140 wurde sie vom Stauferkönig Konrad III. belagert und den bisherigen Herren, den Welfen, streitig gemacht. Laut der zeitgenössischen *Kölner Königschronik* gestand Konrad den Frauen der Welfen zu, beim Verlassen der Burg all das mitnehmen zu dürfen, was sie auf ihren Schultern tragen konnten, während die Männer hingerichtet werden sollten. Der Ausgang ist bekannt und wird in Varianten auch von anderen Orten beansprucht: Die findigen Frauen packten sich ihre Männer auf den Rücken, der König hielt Wort, und so gingen sie nicht nur mit ihren Gatten von dannen, sondern auch als »treue Weiber von Weinsberg« in die Geschichte ein. Dank ihnen sollte der Burg später ein besonderes Schicksal zuteilwerden.

Bis ins 16. Jahrhundert war sie immer wieder Belagerungen und Eroberungen ausgesetzt und schließlich so zerstört, dass sie aufgegeben wurde, verfiel und den Weinsbergern als Steinbruch diente. Justinus Kerner machte dem ein Ende. 1823 gründete er zusammen mit einigen Honoratiorenfrauen den Weinsberger »Frauenverein« und gewann die württembergische Königin Pauline als Schirmherrin. Um die Burganlage vor dem gänzlichen Ruin zu retten, nutzte er sein Netzwerk und seine Berühmtheit und rief deutschlandweit zu einer Spendenaktion auf. Jeder Geldgeberin und jedem Geldgeber ließ er einen Ring überreichen, in dem ein Steinchen von der Burg eingearbeitet war. Und nicht nur das, die Ringe wurden auch als

Friederike Hauffes Grabstein auf dem Waldfriedhof von Löwenstein.

Dank Justinus Kerner wurde die Burgruine Weibertreu vor dem endgültigen Verfall gerettet. Seit rund 200 Jahren zieht sie nun romantische Seelen an.

Verlobungs- und Eheringe gehandelt und als solche selbst aus dem fernen Hamburg bestellt – heutige Fundraiser und Marketingstrategen hätten die Kampagne nicht besser angehen können. Der Erfolg war groß, es kam genug Geld zusammen, um den Schutt aus der Burg zu räumen, die Anlage herzurichten und Wege hinauf zu ebnen. Schon seit seiner Ludwigsburger Kindheit ein Freund von Äolsharfen, ließ Kerner einige der Windharfen in den Schießscharten des Dicken Turms anbringen. Theobald Kerner ließ ab 1886 gleich daneben das »Steinerne Album« in den Stein meißeln. Es umfasst die Namen von zahlreichen berühmten Besuchern im Kernerhaus und Gedichte zu Äolsharfen, darunter auch Verse seines Vaters:

Wehmutsvoll aus Mauern
Klingt mir der Äolsharfe Laut
Als hätt Natur zum Trauern
Sich Asyl hier aufgebaut

Dieser starb hoch geehrt, aber nach dem Tod seiner Frau einsam, erblindet und depressiv, im Verlauf einer Grippe am 21. Februar 1862 in Weinsberg. Wie auch Friederike Kerner, die ihn nach eigener Aussage nie getragen, dafür aber ertragen habe, und sein Sohn liegt er auf dem städtischen Friedhof begraben. 1907 erwarb der zwei Jahre zuvor gegründete Kernerverein das Arzt- und Dichterhaus zusammen mit Alexanderhäuschen und Geisterturm von Theobald Kerners Witwe und gestaltete es zu einem Museum um. Bis heute bilden das Anwesen, die auf das

Theobald Kerner ließ die Namen der Gäste seines Vaters in den Dicken Turm der Weibertreu einmeißeln und schuf so das »Steinerne Album«.

frühe 13. Jahrhundert zurückgehende Johanneskirche und die Weibertreu einen romantischen oder eben mythischen Anziehungspunkt. Wohl am schönsten hat Kerners Freund Gustav Schwab das Ensemble mit seiner Umgebung und Kerner selbst beschrieben:

Die Ruinen sind seit etwa zwölf Jahren durch einen Verein der Frauen Weinsbergs und die Fürsorge J. Kerners nicht nur vor Verfall bewahrt, sondern aus einem Schutthaufen in die lieblichsten Anlagen verwandelt worden, in welchen sich aus sorgsam gepflegtem Gebüsch Mauerzinnen und Thürme, allenthalben zugänglich und zu reizenden Belvederen umgeschaffen, erheben. Aeolsharfentöne wehen dem Wanderer entgegen. Von dem höchsten Thurme, ein finstres Verliess un-

Auf Wunsch Justinus Kerners deckt sein und Friederikes Grab eine Steinplatte aus Alpirsbacher Granit, die von Efeu, aber nicht von Blumen eingerahmt ist.

Kernerhaus, Geisterturm und über allem thronend die Weibertreu – als biedermeierliche Idylle festgehalten von Carl Dörr in einer 1828 entstandenen Radierung.

ter seinen Füssen, blickt dieser gegen Osten in ein friedliches, gesegnetes Thal, mit Dörfern übersäet, dessen äusserstes Ende durch eine gegen Norden streichende Bergkette begränzt wird, während weiter südlich die Ruinen des Stammschlosses der Grafen von Löwenstein herüberblicken, und nordwestlich die Durchsicht ins Neckarthal sich öffnet. Am Fusse des Berges, wie unter dem Schutze der Burg, steht die uralte Stadtkirche Weinsbergs, unter ihr und um sie versammelt gruppiren sich die Häuser der Stadt. Das jüngste und merkwürdigste unter diesen ist das Dichterhaus, […] die Wohnung Justinus Kerners, der zu seiner zauberischen Besitzung einen uralten Stadtthurm geschlagen hat, in welchem er als Chemiker laborirt, als Sänger dichtet und als Exorcist Geister beschwört. Wer den von Schmerzen und Freuden des Lebens wie von Ebbe und Flut umspülten Geist dieses Mannes, seinen, alle Wehmuth des Gefühls plötzlich weghauchenden Humor, seinen Scherz, durch Ernst gezügelt, sein strenges und eifriges Wirken als treuer Arzt, das den Geisterbanner ganz vergessen lässt, kennen lernen will, der komme hierher nach Weinsberg. Schwaben und seine Bewohner sehen in der Nähe ganz anders aus, als sie im Norden oft geschildert werden.

Zu Besuch »in jenem schwäbischen Grübelwinkel«

Schwäbische Winkel mit Grüblern gibt es einige, Leonberg und seine 1975 eingemeindeten Ortsteile Gebersheim und Warmbronn gehören eindeutig dazu. Das ging schon früh los, etwa mit dem Humanisten Conrad Leontorius, oder wie er mit Geburtsnamen hieß: Konrad Töritz, der 1456 in Leonberg geboren wurde. Der Mönch war ein Freund von Reuchlin und anderen bedeutenden Zeitgenossen, in mehreren Sprachen zu Hause, Herausgeber einer Bibelausgabe und Lyriker. Etwas mehr als hundert Jahre nach ihm wurde einer der herausragendsten unter den Leonberger Grüblern geboren: Johannes Kepler. Er kam zwar 1571 in Weil der Stadt zur Welt, aber als er vier Jahre alt war, zogen seine Eltern nach Leonberg um, wo er mit Unterbrechungen von 1577 bis 1583 zur Schule ging. Nachdem er das Landexamen bestanden hatte, durfte er die evangelischen Klosterschulen in Adelberg und Maulbronn besuchen und sich 1589 im Tübinger Stift einschreiben, was er unter dem Namen »Leomontanus« tat. Der »Leonberger« verdankte diese elitäre

Geboren in Weil der Stadt, aufgewachsen in Leonberg – Johannes Kepler auf einem Gemälde aus dem Jahr 1620.

Die selbst angesichts von Folterinstrumenten standhafte Katharina Kepler auf dem ihr gewidmeten Brunnen in Eltingen.

Das Leonberger »Genie« F. W. J. Schelling um 1800 nach einem Gemälde von Christian Friedrich Tieck.

Schulbildung der Tatsache, dass er nicht mehr in der Freien Reichsstadt Weil der Stadt lebte, sondern auf württembergischem Boden, wo 1556 und damit nur wenige Jahre vor seiner Geburt die evangelischen Klosterschulen mit ihrem Stipendienwesen eingerichtet worden waren. Seine Eltern hätten die nötigen Mittel nicht aufbringen können. Der Vater Heinrich war Sohn des Bürgermeisters von Weil der Stadt und ein unruhiger Geist. Er kümmerte sich nicht viel um seine Frau und die vier Kinder, zog als Händler und Söldner durch die Lande und verließ im Jahr von Keplers Start ins Studentenleben die Familie auf Nimmerwiedersehen. Die Mutter Katharina, Tochter des Eltinger Schultheißen und Gastwirts Guldenmann, schlug sich mit den Kindern durchs Leben, möglicherweise handelte sie mit Kräutern. Es war vielleicht kein Wunder, dass sie, wie Kepler selbst sie charakterisierte, »eine Frau von beißendem Witz, streitsüchtig, von schlimmem Wesen« war. Immerhin hielt die schwierige Art der Mutter den Sohn nicht davon ab, ihr zu Hilfe zu eilen, als sie 1620 im Alter von 73 Jahren der Hexerei verdächtigt wurde. Man klagte sie in Leonberg an, einer Nachbarin, mit der sie in Streit gelegen hatte, einen Hexentrank verabreicht zu haben, kerkerte sie ein und machte ihr den Prozess. Sie muss sehr mutig gewesen sein, denn selbst als man ihr die Foltergeräte zeigte, blieb sie in ihren Aussagen standhaft. Schließlich kam sie nicht zuletzt durch die Bemühungen ihres Sohnes nach vierzehn langen Monaten frei. Leider konnte sie ihren Freispruch, sofern das nach den erlittenen Strapazen und seelischen Qualen überhaupt möglich war, nicht mehr lange genießen, schon ein halbes Jahr später starb sie am 13. April 1622 im Haus ihrer Tochter in Roßwälden.

Für das Thema Hexen scheinen die Leonberger generell anfällig gewesen zu sein. 1761 kam im Pfarrhaus Heinrich Eberhard Gottlob Paulus zur Welt. In den *Skizzen aus meiner Bildungs- und Lebens-Geschichte* (1839) schreibt er:

Das in seinen Bergen abgelegene Städtchen Leonberg war aber ohnehin von allerlei Glauben an geheime Kräfte, auch an Hexen und Unholden gar nicht rein; und wenn ein Gespenst spukte oder eine Entwendung vermuthet ward, suchte man bald in Bibelworten und Loosungsbüchelchen, bald selbst im Capuciner-Kloster zu Weilerstadt eine Übermacht über die schlimme Geisterwelt […].

Zwar wird es »Schellinghaus« genannt, doch gleich drei brillante Geister erblickten im Leonberger Pfarrhaus das Licht der Welt.

Paulus, der die übliche württembergische Theologenlaufbahn absolvierte und unter anderem an den Universitäten von Jena, Würzburg und Heidelberg lehrte, stand seiner abergläubischen Umgebung sehr skeptisch gegenüber, zumal auch sein Vater anfällig dafür war. Katharina Kepler hätte ihn als Anwalt gut brauchen können, denn er bemühte sich, derartige Erscheinungen auf natürliche Ursachen zurückzuführen. Kein Wunder, dass er als bedeutender Vertreter des Rationalismus in die Geschichte einging. Im hohen Alter kämpfte er erbittert gegen den Philosophen Friedrich Wilhelm Joseph Schelling, den er von seinen früheren Wirkungsorten Würzburg und Jena her kannte und als »Charlatan, Taschenspieler, Speculanten und Obscuranten Irrlehrer« beschimpfte. Dieser nahm den Fehdehandschuh auf und stand Paulus in nichts nach, wenn er wetterte, er sei ein »Satan und Erbfeind seiner Philosophie«, ein »Erbfeind alles Höheren und Besseren« und »gottverlassener Mensch«.

Der Philosophieprofessor war eben einem Ruf nach Berlin gefolgt. 1796 hatte er an den Freund Hegel geschrieben: »Es wird mir alles zu enge hier – in unserem Pfaffen- und Schreiberland«, worauf er von seiner Hauslehrerstelle in Stuttgart zum Studium nach Leipzig aufgebrochen war. Offenbar hatte er aber übersehen, dass die schwäbischen Landsleute seit jeher wanderlustig und umzugsfreudig waren, weshalb man ihnen überall in der Welt begegnete, eben auch in Jena und Würzburg. Und das waren nicht nur irgendwelche Schwaben, sondern unter Umständen welche aus demselben schwäbischen Grübelwinkel und sogar, wie in diesem Fall, aus demselben Geburtshaus. Schelling kam 1775 in eben jenem Leonberger Pfarrhaus zur Welt, in dem auch Paulus seinen ersten Atemzug getan hatte. Steht man heute vor dem sogenannten Schelling-Haus 22 in der Pfarrstraße 14, findet man ihn und Paulus

Elisabetha Dorothea Schiller, geborene Kodweiß, auf einem von Karl Theodor Piloty und Adolf von Loehle kopierten Gemälde.

einträchtig untereinander auf einer Gedenktafel vereint. Im Bunde gibt es sogar noch einen Dritten, denn auf der Tafel ist auch der Name Karl Wilhelm Hochstätter zu finden. Dieser kam 1781 zur Welt, durchlief, wie könnte es anders sein, die übliche Schul- und Theologenausbildung, brach diese aber ab und wandte sich der Medizin und den Naturwissenschaften zu. Er wurde im In- und Ausland von bedeutenden Universitäten umworben, wollte sich aber nicht so jung an einen Lehrstuhl binden, denn erst sollten seine ihm »vorschwebenden Ideen« »sprechen und gehen lernen«. Überdies habe er die vielen »schönen Seiten« des Lebens bisher kaum berührt, »weil das Bestreben nach Klarheit des Denkens meine Zeit verschlang«. Hochstätter muss ein brillanter Geist gewesen sein und hätte vielleicht Großes erreicht, wäre er nicht mit gerade einmal dreißig Jahren durch einen Infekt aus dem Leben gerissen worden.

Zogen die jungen Grübler von Leonberg in die Welt hinaus, hatte eine kluge und gebildete Frau schon einen großen Teil ihres Lebens hinter sich, als sie sich in Leonberg niederließ: Elisabetha Dorothea Schiller, geborene Kodweiß, Friedrich Schillers Mutter. Es waren unruhige Zeiten, der Erste Koalitionskrieg wütete und brachte Massen von Verwundeten in die Lazarette auf Schloss Solitude, dem langjährigen Wohnort der Familie Schiller. Die jüngste Tochter Karoline Christiane, genannt »Nanette«, steckte sich an Typhus an und starb am 23. März 1796, schon am 7. September folgte ihr

Als sich Herzogin Sibylla von Württemberg 1609 auf den Witwensitz im Leonberger Schloss zurückzog, ließ sie von Heinrich Schickhardt einen prächtigen Renaissancegarten nach italienischem Muster anlegen.

der Vater nach. Für seine Frau Dorothea und die noch zu Hause lebende Tochter Luise brach ein neuer Lebensabschnitt an, Mitte November 1796 zogen sie im Leonberger Schloss ein. »Ich bin sehr schön logirt«, schreibt die Mutter am 16. Februar 1797 begeistert dem Sohn, »nur fehlt die Küche; doch wir können uns behelfen, den ganzen Tag haben wir Sonne und können ins Grüne sehen und viel Dorfschaften, aber von der Stadt abgesondert; es ist aller Dinge wie auf der Solitude.«

Die Witwe des ehemaligen Oberaufsehers über die herzoglichen Gartenanlagen und Baumschulen vermisste allerdings ein eigenes grünes Fleckchen. Sehnsüchtig sah sie auf den Pomeranzengarten ㉓, der zum Schloss gehörte, hinunter. Herzogin Sibylla von Württemberg, der das Schloss zwischen 1609 und 1614 als Witwensitz diente, hatte durch den Hofbaumeister Heinrich Schickhardt einen terrassierten Garten mit einem Pomeranzenhaus anlegen lassen. Später wurde das Schloss für Ämter und Wohnungen von Bediensteten genutzt, der Garten an Privatleute vergeben. Nachdem er mehr und mehr verkommen war, wurde er 1980 nach den Originalplänen instand gesetzt und der Öffentlichkeit zugänglich gemacht.

Elisabetha Dorothea Schiller bemühte sich jedenfalls nach ihrer Ankunft in Leonberg darum, ein Stück davon zu erhalten – wie sie an ihren Sohn schrieb, war das aber ein schwie-

Zwischen 1560 und 1570 wurde die Leonberger Burg zu einem Schloss umgestaltet. Der Wohnbau im Zentrum wurde von Marstall und Fruchtkasten flankiert. Seit Herzogin Sibylla führte ein Söller direkt in den Pomeranzengarten.

riges Unterfangen: »An dem Schloß ist ein großer Garten, wo ich im Fenster hinsehe, es hat ihn aber ein Gärtner im Bestand (Pacht) und der will nichts davon abgeben.« Dank ihrer Beziehungen hatte sie aber Glück: »Doch die Frau Räthin, die im Schloß wohnt, wird mir vom Zwinger, den sie um das Schloß herum hat, etliche Ländlen geben, da wir so gut mit einander auskommen.« Aus einem weiteren Brief geht hervor, dass sie darin Bohnen und Mais anbaute, was ihre sehr dürftige Witwenpension von 100 Gulden im Jahr ebenso wie der vierteljährliche Zuschuss von 50 Gulden seitens des Sohnes etwas aufgebessert haben dürfte.

Es waren schwere Zeiten, die Koalitionskriege überzogen noch immer das Land und brachten Einquartierungen, Teuerungen und viel Unruhe mit sich. Elisabetha Dorothea Schiller konnte der Schwiegertochter in Weimar als Dank für die finanzielle Unterstützung kein selbstgesponnenes Leinen mehr zukommen lassen, da sie es nicht in der Sonne bleichen konnte, ohne dass es gestohlen wurde. Die Abgaben an die Franzosen waren erdrückend, am 24. November 1801 ist zu lesen:

Aus allen Habeseligkeiten, Kleideren, Betten, Möbel, kurz aus allem (muß man) bezahlen, um die ungeheueren Kosten des Kriegs zu bestreiten. Es ist ein allgemeines Lamento in unserem Land und ist beinahe nimmer auszuhalten. Alle Gewerbe liegen, und die Obrigkeit kann nicht strafen zu bezahlen, weil der Bürger und Landmann alles vor [für] den Krieg bezahlen muß. Ach, Gott schenke doch den Frieden, unser Land kann es nimmer aushalten.

Im Dezember 1797 hätten österreichische Militärs gerne eines ihrer Zimmer übernommen. Sie schlug es ihnen ab, obwohl sie durchaus den einen oder anderen Vorteil durch die Offiziere hatte:

Ein Obrist und Hauptmann kommen, die sonst keine Besuche machen. Es sind schon bejahrte Männer, die gute Ordnung halten und äußerst gefällig, sie plagen mich um die Schriften von Schiller lesen zu dürfen; ihre Leute haben mir letzthin zwei Meß (Klafter) Holz gespalten, und was ich vor Freundschaft von ihnen verlange. Türkische Musik ist alle Abend sehr vollständig. Der vorige General wollte ins Schloß ziehen, wenn ich ein Zimmer noch von den meinigen abgegeben; aber ich wollte und konnte es nicht thun; und so ist es unterblieben. Diese aber verlangen es nicht, und mir kann es hier niemand zumuthen.

Erholung verschafften ihr Besuche im Pfarrhaus von Cleversulzbach bei Luise, die am 20. Oktober 1799 geheiratet hatte. Nach einem mehrmonatigen Aufenthalt im Jahr 1801 sah Elisabetha Dorothea Schiller sich aber gezwungen, nach Leonberg zurückzukehren, »mein Logis zu behaupten, weil ich schon lange merkte, daß sie mich gern fortwünschten und schon von meinen Zimmern verlangten, weil sie glaubten, ich könnte beständig bei meiner Tochter bleiben«. Ihr Wohnrecht im Schloss stand auf tönernen Füßen, da es eine Eigenbedarfsklausel gab: »Es liegt ja ein Dekret bei der Kanzlei, wo ich die Abschrift habe, daß ich, so lange ich lebe, unvertrieben bleibe, bis es die gnädigste Herrschaft selbsten brauche.« Sie lebte einige Zeit in Unsicherheit, doch der neue Verwalter ließ ihr durch seine Frau versichern: »Sie haben mich sehr gern und ich sollte ruhig sein, ihm wäre es sehr leid mich zu verlieren.«

Nun sah alles nach einer entspannteren Zeit aus, doch dann erkrankte Elisabetha Dorothea Schiller plötzlich. Als in Leonberg kein Arzt helfen konnte, begab sie sich nach Stuttgart in Behandlung. Da ihr Zustand sich immer weiter verschlechterte, holte Luise sie im Februar 1802 zu sich. Am 29. April starb Elisabetha Dorothea Schiller mit 69 Jahren vermutlich an Gebärmutterhalskrebs und wurde auf dem Cleversulzbacher Friedhof beerdigt. 1834 hielt im Grab neben ihr eine weitere Dichtermutter Einzug: Eduard Mörikes Mutter Charlotte war während der Amtszeit des Sohnes ebenfalls im Cleversulzbacher Pfarrhaus gestorben.

Auch Mörikes Name verbindet sich mit Leonberg oder vielmehr mit dem des Teilorts Eltingen. Bevor er seine erste und zugleich letzte Pfarrstelle in Cleversulzbach erhielt, musste er sich acht Jahre lang als Vikar und Pfarrverweser auf eine Odyssee durch zahlreiche Orte südlich von Stuttgart begeben. Was heute die Mörike-Gemeinden freut, war für ihn selbst eine ziemliche Knechtschaft. Als es ihn 1831 nach Eltingen verschlug, wo der Pfarrer eben verstorben war, schrieb er am 26. Dezember trotzig dem Freund Wilhelm Zimmermann: »Ich lebe leider immer noch wie ein Verbannter in Sibirien und werde so lange an Leib und Seele krank bleiben.« Seiner

Albrecht Goes, hier um 1940 fotografiert, kam als schreibender Pfarrer nach Gebersheim und ging als Schriftsteller.

Verlobten Luise Rau schildert er am 10. November seine Wohnverhältnisse nach Auszug der Pfarrerswitwe und deren Tochter:

Du hast recht vorausgesehen: ich bin mit dem Tage da die Frauenzimmer das Haus verließen in die Wohnstube, aber in die hintere, getäfelte, heruntergezogen. Da hab ich Bett u. Pult u. all mein Wesen beisammen. Lebendiges ist nichts um mich ausser einem Paar Vögel, einer Lerche, welche frei im Zimmer läuft u. einer lebhaften, närrischen Kreatur von Staaren, dessen großes viereckiges Käfigt neben mir am Boden steht.

Später kommt noch der Spitz Jolli hinzu, sodass Mörike zumindest in tierischer Hinsicht nicht allein war und Luise Rau berichten kann, »gewöhnlich machen wir Alle zusammen die Augen zu gleicher Zeit auf«.

Gut hundert Jahre später schrieb ein Gebersheimer Pfarrer eine Mörike-Biografie: Albrecht Goes. Er versah ab 1938 das Pfarramt in der damals noch selbstständigen Gemeinde Gebersheim (24). Zwar war er von 1940 bis 1945 im Krieg, doch »das Dorf [...] ist in meinem Lebensbereich unverwechselbar gegenwärtig. Ich hatte dort auch als Schriftsteller eine gute Zeit.« Goes hatte schon seit 1932 überwiegend Gedichte, aber auch Prosa publiziert. In Gebersheim schrieb er die 1950 veröffentlichte Erzählung *Unruhige Nacht*, die in viele Sprachen übersetzt und sein berühmtestes Werk wurde. 1953 ließ er sich vom Pfarramt freistellen, um ganz als Schriftsteller zu leben, was zum Umzug nach Stuttgart-Rohr führte. Über einen von Gebersheim aus gesehenen Fast-Nachbarn hat Goes des Öfteren geschrieben, den Warmbronner Dichter und Bauern Christian Wagner.

Das Haus von Christian Wagner in Warmbronn (25) ist die eigentliche mythische Stätte unter der Kapitelüberschrift »Leonberg«. Dabei stand es streng genommen gar nicht in Leonberg, als derjenige darin lebte und arbeitete, auf den der Mythos zurückgeht. Warmbronn wurde 1975 eingemeindet, vorher handelte es sich wie bei Gebersheim um eine selbstständige Ortschaft. Hier kam als Sohn eines Bauern und Schreiners sowie einer Lehrerstochter am 5. August 1835 mit Christian Friedrich Wagner eine Ausnahmeerscheinung zur Welt. Wagner war ein schwächliches Einzelkind, dem die ganze Sorge der Eltern galt. Zum Essen konnten sie ihm nicht viel bieten, er wuchs in einer Zeit der Missernten auf. Immer mehr Bauern verließen allmählich ihre Heimat, um in den neu entstehenden Fabriken der großen Städte ihr Glück zu versuchen. Dennoch »führten wir im ganzen, Vater, Mutter und ich, ein zufriedenes, glückliches Leben«. Zwar schickten die Eltern ihren Sohn aufs Lehrerseminar, mussten ihn aber nach sechs Wochen zurückholen, weil sie es sich doch nicht leisten konnten. Der Junge blieb und wurde Kleinbauer, die Schreinerei gab er auf.

Auf Wagners Feld gediehen nicht die größten Kartoffeln, im Gegenteil. Zudem ließ er sich gern von den Händlern übers Ohr hauen, und vor allem stand einem ausreichenden Einkommen seine Liebe zur Natur und zur Kreatur entgegen. Die Viehzucht begeisterte ihn, er besaß »viele Jahre auch das schönste Vieh hier«, doch: »Grundsätzlich zog ich kein Vieh für den Metzger groß, obschon es oft sehr vorteilhaft für mich gewesen wäre, sondern ich behielt die Rinder stets bis sie trächtig wurden und verkaufte sie sodann zur Nachzucht, zum Lebenbleiben.« Christian Wagner entwickelte eine Leidenschaft für Schmetterlingssammlungen und Herbarien und wanderte mit Vorliebe durch die Wälder. Diese hatten es ihm schon als Kind angetan: »Ich dachte sie mir als die Grenzen der Welt und den Ort alles Geheimnisvollen und Wunderbaren.« Auch im Garten hielt er sich gern auf. Dort stand ein Syringenstrauch – gemeiner Flieder –, der zum Spiel mit den Blättern einlud. Jahre später sollte Wagner dieser Pflanze ein Gedicht widmen, von dem Karl Kraus in seiner Zeitschrift *Die Fackel* (Nr. 595–600) schrieb, dass es »in deutscher Sprache nicht viele Wunder von der Art der dritten und letzten Strophe« gebe.

Christian Wagner wünschte sich, dass sein Haus in Warmbronn nicht verkauft und sein Garten ein Paradies für Tiere werde.

SYRINGEN
Fast überirdisch dünkt mich euer Grüßen,
Syringen ihr, mit eurem Duft dem süßen.

Nach Geisterweise weiß ich ihn zu werten:
Er ist ein Duftgesang mir von Verklärten.

Gott, wie ich doch in dieser blauen Kühle
Der Blumenwolke hier mich wohlig fühle!

Süß heimlich ahnend, was hinein verwoben,
Wie fühl ich mich so frei, so stolz gehoben!

Bin ich es selbst, des einstig Erdenwesen
Nun auch einmal zu solchem Glanz genesen?

Sind's meine Lieben, die, ach längst begraben,
In diesen Düften Fühlung mit mir haben?

Seine Mutter erzählte ihm gerne Geschichten, und auch sonst wurde in der Hausgemeinschaft – es wohnten noch zwei Parteien dort – sowie im Dorf viel erzählt. Seiner lebhaften Phantasie wurde dadurch ebenso wie durch das Lesen Tür und Tor geöffnet, und als Christian Wagner 1860 beim Himbeersammeln mit der Mutter den Schlossberg beim Glemseck entdeckte, tagträumte er von Ritterburg und Ritterfräulein. Die Idee, einen Roman im Stil von Wilhelm Hauffs *Lichtenstein* zu schreiben, war geboren, er sollte sich aber um Konradin, den letzten Staufer, drehen. Etwa zehn Jahre später wurde der Text im Leonberger *Glems- und Würm-Gauboten* veröffentlicht. Der Damm war gebrochen, das Gedicht *Der Mutter am Ostertag* und ein Schauspiel mit dem Titel *Abi-Melech* folgten. Während Ersteres durch einen Onkel in Nürtingen veröffentlicht wurde, war Letzterem keine Aufführung beschieden. Wagner verfasste vor allem Gedichte, fand aber erst 1885 mit *Märchenerzähler, Bramine und Seher* einen Verleger. Langsam stellte sich ein wenig Erfolg ein, das Talent des Bauern begann überregional beachtet zu werden, wobei der Prophet vor der eigenen Haustür wie üblich wenig galt.

Wagner war den Dorfbewohnern ein Sonderling und Einzelgänger, einer, der lieber durch Felder, Wiesen und Wälder streifte und die Natur beobachtete, als sie wie ein ordentlicher Bauer zu bearbeiten und zu nutzen. Er schickte dem Bürgermeisteramt einen Beschwerdebrief, als Zigeunern kein Gastrecht im Ort gewährt wurde, schrieb gegen die »Aussetzung von Prämien für Tötung der Kreuzotter« an, die Jagd war ihm ein Graus. Er wandte sich gegen jede Form von Gewalt, geißelte als Pazifist den Ersten Weltkrieg, trat für den Freitod ein – und er schrieb Gedichte und andere Texte. Der Außenseiter tat sich schwer, das galt selbst für die Brautschau, obwohl er gut aussah. 1865 war es endlich so weit, er heiratete die Warmbronnerin

Anna Maria Glatze. Die Ehe sollte nur fünf Jahre dauern. Anna Maria Wagner gebar drei Kinder, die alle nur wenige Wochen überlebten; beim letzten Kind, einem Jungen, der ebenfalls nur wenige Monate alt wurde, verstarb sie im Kindbett. Schon vier Monate später heiratete Wagner seine Cousine Christiane Catharina Kienle, »Nane« genannt. Dieses Mal sollte sich dauerhaftes Kinderglück – ein Sohn und drei Töchter – einstellen. »So stand ich damals wirklich auf der Höhe menschlicher Glückseligkeit, und mein Lebensschifflein glitt freudig hin durch die Wellen.« Die finanzielle Lage war zunächst noch äußerst angespannt, die wachsende Familie wollte ernährt werden. Wagner arbeitete neben der Landwirtschaft im Eisenbahnbau und im Winter als Holzfäller, seine Frau als Hebamme, doch der Schuldenberg wuchs. 1887 holte sich Nane Wagner eine Rückenmarksentzündung, die 1890 zu einer halbseitigen Lähmung führte. Ihre Stimmung wurde immer gereizter, im Februar 1892 fiel sie in geistige Umnachtung und musste nach Leonberg in Pflege gegeben werden, am 25. April starb sie.

Finanziell ging es durch die Wechselschicksale der Landwirtschaft bergauf, bergab, doch dank der Zuwendungen der Deutschen Schillerstiftung und anderer Gönner konnte Wagner Schulden abbauen und sich mit seinen Kindern über Wasser halten. Seine literarischen Beziehungsnetze spannten sich immer weiter, berühmte Namen wie Gustav Landauer, Eduard Mörike und allen voran Hermann Hesse tauchten

Bauer und doch nicht Bauer – Christian Wagner erntete lieber Lob für seine schriftstellerischen Werke als große Kartoffeln.

darin auf. Schließlich konnte er einige Reisen unternehmen, darunter nach Oberitalien und schließlich bis nach Neapel. Besucher kamen nun zu ihm nach Warmbronn und entschädigten ihn für den Mangel an Gleichgesinnten und Ebenbürtigen vor Ort. Aber er gehörte nicht wirklich zu ihnen, sie lebten in einer anderen Welt. Gustav Landauer schreibt nach einem Besuch in Warmbronn am 30. Juli 1900:

Ich fand ihn körperlich rüstig und frisch. Das Visionäre an dem Mann, sein Selbstgefühl, seine Sprachmacht, seine Feinheit und schlichte Würde sind ganz wun-

dervoll. […] Er hat eine Gier danach, mit denen, die aus der Welt kommen, zu reden und sich bestätigen zu lassen, dass er nicht ganz vereinsamt ist, dass die Besten mit ihm sind. […] Nur ist er eben, so nahe er uns steht, ganz anderer Herkunft als wir. Das Schweigen versteht er nicht. Seine Gedanken und Stimmungen bildet er unermüdlich redend, und er wird ängstlich, wenn man still sinnend seinen Worten lauscht. Er dürstet nach Zustimmung, nach Meinungsaustausch, nach Lebhaftigkeit, nach alldem, was uns manchmal so schwer fällt. Er kennt nicht unsere Verschlossenheit, unser Reden in Hingeworfenem und nur Angedeutetem, unsere Verhaltenheit, unser Eindämmen des Leidenschaftlichen. Er lässt alles aus sich heraus […].

Wagner war ein Wanderer zwischen den Welten. Dass er im Dorf blieb oder bleiben musste und trotz einer gewissen Beachtung und auch finanziellen Unterstützung nie wirklich berühmt wurde, konnte der Schriftsteller und zeitweilige *Simplicissimus*-Redakteur Hans Erich Blaich alias Dr. Owlglass nicht nachvollziehen. In der Zeitschrift *März* schrieb er am 2. August 1910:

[…] wie ist es nur möglich, daß einer, in dessen Seele dieses zarte, tiefe, innige Kunstgebilde [das Gedicht »Ostersamstag«] erwachsen konnte, so wenig bekannt und, was noch schlimmer ist, so wenig erkannt in jenem schwäbischen Grübelwinkel gegen den Schönbuch zu

Längst ist Warmbronn nicht mehr das kleine Dorf, in das Christian Wagner hineingeboren wurde, doch noch immer ist es von Feldern und Wäldern umgeben.

sitzen bleiben mußte, wo auch Kepler […], Brenz und Schelling herstammen?

Vielleicht wollte Christian Wagner ja gar nicht weg aus dem Grübelwinkel und dem ehemaligen Warmbronner Försterhaus, mit dem sich nach eigener Aussage schon seine »ersten Erinnerungen« »innig […] verflochten«. In seinem Testament bestimmte er, dass sein inzwischen schuldenfreies Anwesen »auf ferne, möchte sagen ewige Zeit hinaus« in der Familie bleiben und »unter keinen Umständen an Fremde veräußert werden« solle.

Es sollte ein Ort sein wo bei Schneefall ständig Vögel gefüttert werden. Es sollte ein zwar kleines, aber wahres ideales Friedensheim darstellen, wo auch die Geächteten der Thierwelt geduldet würden. Wo weder Gift noch Schlinge gelegt werden darf. Wo jedem Jäger, in welcher Form er sich auch präsentiere, der Eintritt versagt sein soll.

[…] Auch die geziemliche Rücksicht auf die voraussichtlich zahlreichen Besucher, Verehrer u. Freunde, – vielleicht erst in späterer Zeit, – verlangt daß dieselben ungehindert kommen u. gehen können.

Den Wunsch, im Garten beerdigt zu werden, konnte man ihm nicht erfüllen. Nach seinem Tod am 15. Februar 1918 wurde Christian Wagner auf dem Warmbronner Friedhof beigesetzt. 1924 erhielt das Grab einen von Hedwig Bürger gestalteten Gedenkstein. Ebenfalls auf dem Friedhof bestattet wurde einer der bedeutendsten Architekten des 20. Jahrhunderts, Frei Otto. Nach seinem Entwurf wurde der Christian-Wagner-Brunnen gestaltet, der seit 1995 in der Dorfmitte von

Als Kleinverleger ganz groß: Ulrich Keicher, der in Warmbronn seit 1973 ein Antiquariat und seit 1985 einen renommierten Literaturverlag betreibt.

Warmbronn an das einst so umstrittene Gemeindemitglied erinnert. Wagners Geburtsort hat inzwischen seinen Frieden mit dem unangepassten Mitbürger gemacht, fast hätte man jedoch seinen letzten Willen nicht erfüllt und das Haus 1972 zugunsten eines Supermarkts und einer Straßenerweiterung abgerissen. Im Widerstand dagegen gründete sich die Christian-Wagner-Gesellschaft e.V., die sich bis heute um die »Pflege und Erforschung des reichen geistigen Erbes Christian Wagners« kümmert. Sie gibt zahlreiche Werke Wagners heraus, fördert mit ihren Veranstaltungen Kunst und Kultur, vergibt den Christian-Wagner-Preis, schreibt seit Neuestem einen Schülerwettbewerb aus und unterhält den Christian-Wagner-Dichterpfad. In seinem Haus, das inzwischen der Stadt Leonberg gehört, können ganz im Sinne des Dichters die Besucher, Verehrer und Freunde kommen und gehen, denn es ist seit 1983 Museum. Und der Garten? Er darf weiterhin ein Naturidyll sein, in dem viele von Wagner bedichtete Pflanzen gedeihen.

Um Christian Wagner hat sich auch der mit Unterbrechungen seit 1973 in Warmbronn lebende Ulrich Keicher verdient gemacht. Der Antiquar und Verleger, der für seine bibliophilen Bücher mehrere renommierte Preise erhielt, gab 2003 die gesammelten Werke Christian Wagners heraus. Wagner ist aber nicht der einzige Autor, der Keicher am Herzen liegt. Allein zwischen 1983 und 2016 erschienen in seinem Verlag 340 Titel. Von Ilse Aichinger über Sarah Kirsch und Michael Krüger bis zu Hanns Zischler tummeln sich viele bedeutende Autorinnen und Autoren in seinem Gesamtverzeichnis, und man kann den Eindruck haben, dass Literaten, die auf sich halten, bei Ulrich Keicher in Warmbronn erscheinen wollen. Er hat sich zudem eingehend mit der Leonberger Literaturgeschichte beschäftigt und vieles zusammengetragen, was im Begriff war, vergessen zu werden. Ulrich Keicher bereichert somit den Leonberger Grübelwinkel nicht nur durch seine Person, sondern ihm ist es mit zu verdanken, wenn dieser mit seinen bekannten und weniger bekannten Mitgliedern auch überregional Beachtung findet.

Für immer in Gerbersau zu Hause?

Calw ist die Hermann-Hesse-Stadt, daran lässt die Gemeinde an der Nagold keinen Zweifel aufkommen. Schon im Logo wirbt sie mit dem berühmten Sohn, und natürlich gibt es ein Hesse-Museum 26, ein Hesse-Geburtshaus 27 sowie ein Gymnasium, einen Brunnen, ein Denkmal, einen Preis und anderes mehr mit dem Namen des Dichters, bald wird es sogar eine Hermann-Hesse-Bahn geben. Und auch ein Hermann-Hesse-Stipendium existiert, 2001 kam die Schweizer Schriftstellerin Eveline Hasler in dessen Genuss. Sie lebt im Tessin unweit von Hesses Sohn Heiner und ist daran gewöhnt, dort fortwährend auf die Spuren ihres berühmten Kollegen zu treffen. In Calw angekommen, macht sie die Feststellung:

Hesse auch da allgegenwärtig. Auf meinem Computer erscheint er auf der Homepage der Sparkasse. Im Schaufenster der Stadtinformation grüßt er vom Plakat: Ein feiner, ganz ziviler Hesse: dunkler Anzug, Krawatte, Uhrenkette. Zigarre zwischen den Fingern. Fein mo-

Fachwerkidylle im Schwarzwald und mittendrin das Geburtshaus eines Nobelpreisträgers.

Hermann Hesse, in der oberen Reihe Dritter von rechts, mit seinen Calwer Klassenkameraden auf einem Foto aus dem Schuljahr 1883/84. Ein begeisterter Schüler war er nie, was sich in manchen seiner Werke widerspiegelt.

delliertes Gesicht, wacher, cleverer Blick, Goldbrille. So könnte er aus dem Kontor eines Calwer Gerbereibetriebs treten. Hesse Spezialausgabe für Calw. Der restliche Hesse, zum Beispiel der halbnackte Wahrheitssucher von den Abhängen des Monte Verità, lebt weiter auf der abgedunkelten Seite des Mondes.

Hesses Allgegenwart in der Stadt, in der er am 2. Juli 1877 zur Welt kam, täuscht darüber hinweg, dass sich Calw mit seinem berühmtesten Sohn lange schwergetan hat. Zu scharf war seine Auflehnung gegen das rigide Schulsystem seiner Zeit und die in seinen Werken, insbesondere in der Erzählung *Unterm Rad*, formulierte Kritik daran, die eindeutig auch auf Calw und seine eigene – in bürgerlichen Augen missglückte – Schulzeit Bezug nahm. Zu klar war der Pazifismus, mit dem er gegen den allgemeinen Jubel den Ersten Weltkrieg ablehnte, zu radikal die Hinwendung zur Schweiz und zu konsequent seine Zugehörigkeit zu jenem anderen Deutschland, das den Nationalsozialismus von Anfang an vehement ablehnte. Erst nach dem Zweiten Weltkrieg und der Verleihung des Nobelpreises 1946 fanden Calw und Hesse langsam zusammen, wobei Hesse nach 1931 nicht mehr in seine Heimat zurückkehrte. Die Kluft zwischen seiner Geburtsstadt und ihm muss ihn geschmerzt haben, denn keinem Ort dieser Welt fühlte er sich verbundener.

Zwischen Bremen und Neapel, zwischen Wien und Singapore habe ich manche hübsche Stadt gesehen, Städte am Meer und Städte hoch auf Bergen, und aus manchem Brunnen habe ich als Pilger einen Trunk getan, aus dem mir später das süße Gift des Heimwehs wurde.

Die schönste Stadt von allen aber, die ich kenne, ist Calw an der Nagold, ein kleines, altes, schwäbisches Schwarzwaldstädtchen.

Diese häufig zitierte Passage ist in der 1926 erschienenen Erzählung *Heimat* zu finden, die zu den 37 auf Calw bezogenen Texten gehört, die Hesse 1949 unter dem fiktiven Ortsnamen *Gerbersau* zu einer Sammlung zusammenfasste. »Gerber« weist auf die Gerber hin, die zu Hesses Zeit noch am Calwer Ufer der Nagold ansässig waren, »au« auf das nahe Kloster Hirsau ㉘. Der Name bezeichnet den Spannungsbogen, in dem Hesse sich bewegte: hier die Stadt mit den einfachen Leuten, denen er in seinen Werken lieber eine Stimme verlieh als den Honoratioren, dort das religiöse Zentrum und der christliche Glaube, der sein Herkommen prägte. Hesse entstammte, man braucht es eigentlich nicht zu wiederholen, einer evangelischen Missionarsfamilie, die für die Basler Mission tätig war. Der Vater Johannes Hesse war Abkömmling einer nach Estland ausgewanderten deutschen Familie und zunächst in der indischen Mission tätig. Die Mutter Marie, eine geborene Gundert, kam aus pietistisch-

Hesse mit seinen Eltern und Geschwistern Marulla, Hans und Adele im Jahr 1899 auf einem Foto des Calwer Ateliers von Carl Fuchs. Die Stiefbrüder Theodor und Karl Isenberg fehlen auf dem Bild.

Blick auf das Haus des Calwer Verlagsvereins, das zugleich Wohnung der jeweiligen Verlegerfamilie war. Inzwischen wurde es durch Umbauten stark verändert.

schwäbischer Familie, heiratete in erster Ehe einen englischen Missionar namens Charles W. Isenberg und engagierte sich in Indien ebenfalls missionarisch. Nach dem Tod Isenbergs zog die junge Witwe mit ihren beiden Söhnen zu den Eltern nach Calw, wo sie Johannes Hesse kennenlernte. Ihr Vater Hermann Gundert, Leiter des Calwer Verlagsvereins, war nicht nur Missionar und Verleger, sondern auch Schriftsteller und Indologe. Er brachte in das Schwarzwaldstädtchen, das in den 1870er-Jahren etwa 5000 Einwohner zählte und die beste Zeit als Sitz der wirtschaftlich starken Calwer Zeughandelscompanie hinter sich hatte, Weltläufigkeit und eine fundierte Bildung mit.

Als Hermann Hesse zur Welt kam, lebten seine Eltern mit seinen Stiefbrüdern Theodore und Carl sowie seiner älteren Schwester Adele im Haus Marktplatz 6, während Familie Gundert im Verlagshaus in der Bischofstraße 4 wohnte. Die Familie hatte sich mit Marie (»Marulla«) und Johannes (»Hans«) um zwei weitere Kinder vergrößert, als Johannes Hesse 1883 eine Stelle als Lehrer an der Missionsschule von Basel erhielt. Drei Jahre lebten sie dort, bis sie aufgrund des Todes von Maries Mutter an die Nagold zurückkehrten. Zunächst bezogen Hesses die kalte und feuchte Bergseitenwohnung im Verlagshaus, als die Situation aber immer belastender und angespannter wurde, übersiedelten sie drei Jahre später in die Ledergasse. Zu diesem Zeitpunkt stand Hermann Hesse schon kurz vor der Abreise nach Göppingen, um sich aufs Landexamen vorzubereiten, das ihm den Zugang zu den evangelischen Seminarschulen und zum Studium am Tübinger Stift verschaffen sollte. In der neuen Wohnung hielt er sich kaum auf, der schwierige und labile Jugendliche war in diesen Jahren auf einer Reise unterwegs, die ihn zu Schulen in Maulbronn und Bad Cannstatt sowie Aufenthalten in Bad Boll und der Nervenheilanstalt Stetten im Remstal führte. Kurz nach dem Tod des Großvaters und dem erneuten Umzug der Familie ins Verlagshaus kehrte

Hermann Hesse im Oktober 1893 nach Calw zurück. Mit dem »Einjährigen« in der Tasche, das einem mittleren Schulabschluss entsprach, versuchte er sich drei Tage lang als Lehrling in einer Esslinger Buchhandlung und danach als Praktikant in der Calwer Turmuhrenfabrik Perrot. Ab Oktober 1895 absolvierte er eine dreijährige Ausbildung in der Verlagsbuchhandlung Heckenhauer in Tübingen. Kurz nach deren Beendigung und der Übernahme als Sortimentsbuchhändler erschien mit *Romantische Lieder* seine erste Buchveröffentlichung, er hatte sie mit seinem ersten Lohn selbst finanziert. Nachdem er Heckenhauer 1899 verlassen hatte, verdingte sich Hesse zwar immer wieder als Buchhändler, aber letztlich konnte ihn nichts mehr vom Weg zum freien Schriftstellertum abhalten. In den ersten Jahren kam er noch häufig nach Calw, dann wurden die Besuche immer seltener; als die Mutter 1902 starb, blieb er der Beerdigung fern. Sein Leben spielte sich in Zukunft überwiegend in der Schweiz ab.

1901 schrieb er bei einem Besuch im Elternhaus das *Calwer Tagebuch* nieder. Als die Eltern abends zu Bett gegangen sind und es im Verlegerhaus still wird, setzt er sich in seinem alten Kinderzimmer an den Tisch und denkt über die vielen Veränderungen nach.

Die weitläufigen Zimmerreihen des geräumigen Hauses, in denen wir sechs Geschwister vor Zeiten unser Wesen trieben, liegen schlafend, fast alle unbewohnt. Schon lang sind wir sechse nicht mehr alle beisammen gewesen. Zwei haben geheirathet, die älteste Schwester ist bei den Eltern geblieben, wir Jüngeren schlugen uns da und dort durch die Welt. Wir sind der Heimat ungewohnt, halbfremd, älter und anders geworden, das alte Calwer Haus ist in Schlaf und Stille gesunken, mich und die andern trieb Schicksal, Beruf und Neigung in neue, eigene Wege und Sorgen. Und dennoch hat dieses alte, schweigsam gewordene Haus den Zauber einer vorübergegangenen, gesegneten Zeit in seinen hohen, schlicht geschmückten Räumen bewahrt und dennoch hat dieser

Nach der Rückkehr aus Basel und einem dreijährigen Zwischenstopp im Verlagshaus mietete sich Familie Hesse bis zum Tod des Großvaters in der Ledergasse ein.

Hermann Gundert, sein Großvater mütterlicherseits, war für Hermann Hesse eine bedeutende Bezugsperson, die er sehr verehrte.

Zauber noch Macht genug gehabt, mich gealterten und fast heimatlos gewordenen Wanderer in wenigen Tagen mit seinem dichten Mährchenduft von Heimat, Vergangenheit, Träumerei und Weltferne zu umgeben!

So weltfern war das alte Haus allerdings ursprünglich gar nicht, denn nimmt man Hesses Erzählung *Kindheit des Zauberers* als Realität, ging es in den Zeiten seines Großvaters Hermann Gundert durchaus turbulent dort zu. Es bot Heimat und Fremde in einem.

Viele Welten kreuzten ihre Strahlen in diesem Hause. Hier wurde gebetet und in der Bibel gelesen, hier wurde studiert und indische Philologie getrieben, hier wurde viel gute Musik gemacht, hier wusste man von Buddha und Lao Tse, Gäste kamen aus vielen Ländern, den Hauch von Fremde und Ausland an den Kleidern, mit absonderlichen Koffern aus Leder und aus Bastgeflecht und dem Klang fremder Sprachen, Arme wurden hier gespeist und Feste gefeiert, Wissenschaft und Märchen wohnten nahe beisammen.

Die Bibliothek des Großvaters, die im zweiten Stock des Hauses lag, war ein beliebter Aufenthaltsort Hermann Hesses, denn Lesen gehörte zu seinen Lieblingsbeschäftigungen. Von dort konnte er außerdem direkt in den hinteren Garten gelangen. Geschützt durch eine lichte Wand aus Kapuzinerkresse saß er gern auf der Veranda und schrieb. Vermutlich wählte er auch oft den Weg über diesen Garten, um aus der umgrenzten Welt von Haus und Hof hinauszugelangen. Er kletterte mit Begeisterung über Zäune und auf Bäume, lief mit Kameraden im Winter auf der zugefrorenen Nagold Schlittschuh, ging im Sommer dort schwimmen und angeln, hantierte mit gefährlichen Feuerwerkskörpern und spielte Indianer. Letzteres hatte er wie noch manch anderes mit dem 1890 ebenfalls in Calw geborenen Maler, Zeichner und Schriftsteller Rudolf Schlichter gemeinsam.

Als Schuljunge verglich ich diese mich phantastisch und seltsam anmutende Umgebung der Stadt mit den durch Karl

May und andere Indianergeschichten so berühmt gewordenen Cañons des amerikanischen Felsengebirges. Die großen, weitausgedehnten Wälder gemahnten mich an die Cooperschen Jagdgründe der Mingos und Delawaren. Es konnte ja auch für uns Buben kaum etwas Schöneres geben, als im Hochsommer in den Wäldern herumzutoben, Wigwams und Felsenburgen zu bauen, Kartoffeln zu stehlen, sie über selbstgemachten Feuerchen zu braten; überhaupt jeden nur möglichen phantasiebefruchtenden Unfug zu treiben.

Im ersten Teil seiner dreibändigen Autobiografie *Das widerspenstige Fleisch* (1932) setzt sich Schlichter mit seinen Kindertagen und seiner Jugend auseinander, die er in Calw, Pforzheim und Stuttgart verbrachte. Laut Klaus Mann zeichnet Schlichter darin eine »deutsche Kleinstadt des Kaiserreichs in ihrer gespenstischen Öde, Skurrilität und Lügenhaftigkeit«. Auch Hesse lässt in seinen Werken die problematischen Seiten Calws anklingen, etwa den wirtschaftlichen Niedergang. Doch bei ihm entsteht, wie in der fragmentarischen Erzählung *Berthold* (1907/08 niedergeschrieben, aber erst 1944 veröffentlicht) das Bild eines Fachwerkstädtchens mit morbidem Charme:

Da lag im grünen Flußtal die Stadt, von Mauern umfangen, eine kleine deutsche Stadt, deren Namen weiter draußen im Reich niemand kannte, ein verlorenes und ärmliches Nest, das doch seinen Bürgern und Kindern eine Welt war und Reihen von Geschlechtern Raum zum Leben und Raum zum Begraben bot. Die Kirche, in einer früheren wohlhabenderen Zeit erbaut und nicht dem Anfang gemäß vollendet, sondern notdürftig bedacht und nur mit einem sparsamen Holzturm versehen, der auf dem Dache ritt, stand in ihrer Verwahrlosung und unnötigen Größe gleich einer Ruine inmitten der kleinen Häuser, trauerte mit ihren schön gemeißelten, hohen Portalen und predigte Vergänglichkeit. Davor auf dem Marktplatz, der groß und sauber gepflastert war, spiegelten sich die beschei-

Hesse mit seinen Schwestern Marulla und Adele 1903 an der eingewachsenen Veranda des Verlags- und Wohnhauses. Der Schriftsteller liebte es, dort zu arbeiten.

denen, aus Fachwerk oder auch ganz aus Holz gebauten Bürgerhäuser mit spitzigen Giebeln in der gewaltigen steinernen Schale des Marktbrunnens.

[…] Mitten durch das Städtlein rann der schmale, schnelle Fluß. Sein oberes Tal war eng, zwischen zwei Züge waldiger Berge gedrängt, und bot nur für einige flache Äcker, eine alte stille Landstraße und berganwärts für wenige, abschüssige und magere Wiesen Platz.

Flussabwärts beschreibt Hesse das breitere und fruchtbarere Gelände, durch das es zu einem Kloster geht. Der vom Vater zur Theologenlaufbahn bestimmte Jüngling Berthold wandert

über den fröhlichen Wiesenweg […] bald durch Kornland und Wiesen das Tal hinab, das nach kurzer Weile breiter und fruchtbarer wurde. Die Berge flohen auf beiden Seiten zurück, einem breiteren und fetteren Boden Raum gebend, und bald tat sich eine schöne, sonnige Talebene auf, durch eine Krümme vor dem Nordwind beschützt. Während oberhalb sowie auch schon eine kleine Stunde weiter abwärts das Tal arm und rauh war und der ganze Reichtum des Landes in den Bergwäldern bestand, prangte hier still und abgeschlossen ein kleines Land mit Frucht und Obst wie ein Paradiesgärtlein zwischen den grünen Bergen. Inmitten lag breit und satt in wohligem Frieden ein Kloster samt Meierei und Mühle, und wer müde auf der Talstraße vorüberwanderte und hinüberschaute und in dem erhöht gelegenen Garten unter laubigen Bäumen die Brüder in weißen Kutten langsam wandeln sah, dem mochte der friedsame Ort eine köstliche und gesegnete Zuflucht scheinen.

Wie so oft in Hermann Hesses Werk wird auch hier der biografische Bezug deutlich, den »Wiesenweg« kannte der Autor nämlich sehr gut. Er führte nach Kloster Hirsau, dem einst wichtigsten deutschen Stützpunkt der cluniazensischen Reformbewegung. Wie Calw war das inzwischen reformierte Kloster 1692 im Pfälzischen Erbfolgekrieg von dem berüchtigten General Mélac und seinen Truppen niedergebrannt worden. Die wildromantische Ruine zog seitdem Künstler magisch an, darunter auch Justinus Kerner, Ludwig Uhland und Gustav Schwab. Letzterer widmet in seinem Buch *Wanderungen durch Schwaben* auch dem Kloster und seinen imposanten Ruinen ein Kapitel.

Von sämmtlichen Gebäuden sieht man noch die Ruinen der Peterskirche und den einen ihrer Thürme, eine ganz erhaltene Kapelle, einen grossen Teil des Kreuzgangs; vom Kloster selbst einen achteckigen und einen runden Thurm, die ausgebrannten vier stattlichen Wände des Jagdschlosses, die Reste der Aureliuskirche und rechts von der Nagold ein Kirchlein auf dem Platz der alten Stiftung. Diese sämmtlichen Überbleibsel in dem von immergrünen Tannenbergen beschauten, wiesenreichen Nagoldthale, in wucherndes Gebüsch eingekleidet, gewähren einen rührenden, doch nicht finstern Anblick.

Eins hatte es den schwäbischen Romantikern besonders angetan – die be-

Die Ruinen des Kreuzgangs und die spätgotische Marienkapelle in Kloster Hirsau waren Hesse von vielen Spaziergängen her bekannt.

rühmte Ulme, die 1989 im Alter von 258 Jahren gefällt werden musste und von der Kerner schreibt:

In den ausgebrannten Kreuzgängen und Gebäuden befinden sich nun Gärten. Mitten aus dem Boden der alten Abtei, auf dem Gewölbe des Kellers, schoß eine prächtige Ulme empor. Sie trieb ihre starken Äste hoch über die Trümmer hin, und steht da gleichsam als ein Erzeugniß der Kraft und Fülle, die einst in diesen Gewölben gebunden lag.

Für Hermann Hesse war die Erinnerung an das nahe Hirsau mit Erinnerungen an Spaziergänge der Familie und Verwandtschaftsbesuche im damaligen »Gasthaus zum Hirsch und Lamm«, dem heutigen Hotel »Kloster Hirsau«, verbunden. Calw war für Hesse Heimat, eine Heimat, in der er sich trotz aller späteren Probleme seinen Weg in ein eigenständiges Leben bahnen konnte, in der er meist glücklich war und die sich tief in ihm einprägte. In der eingangs erwähnten Erzählung *Heimat* setzt er sich mit den Empfindungen auseinander, die er Jahre nach seinem Wegzug verspürt. Wenn er bei einem Besuch an der Nikolausbrücke stehe,

dann[...] fühle ich tief und mit einer wunderlichen Ergriffenheit, wie schön und merkwürdig dies Erlebnis für mich war: einmal eine Heimat gehabt zu haben! Einmal an einem kleinen Ort der

Hermann Hesse im Alter von 12 Jahren – seine Calwer Kindheit und Jugend erinnerte er sehnsuchtsvoll als »schöne alte Zeit«.

Erde alle Häuser und ihre Fenster und alle Leute dahinter gekannt zu haben! Einmal an einen bestimmten Ort dieser Erde gebunden gewesen zu sein, wie der Baum mit Wurzeln und Leben an seinen Ort gebunden ist.

Wenn ich ein Baum wäre, stünde ich noch dort. So aber kann ich nicht wünschen, das Gewesene zu erneuern. Ich tue das in meinem Träumen und Dichten zuweilen, ohne es in der Wirklichkeit tun zu wollen.

Jetzt habe ich hier und da eine Nacht Heimweh nach Calw. Wohnte ich aber dort, so hätte ich jede Stunde des Tags und der Nacht Heimweh nach der schönen alten Zeit, die vor dreißig Jahren war und die längst unter den Bogen der alten Brücke hinweggeronnen ist. Das wäre nicht gut. Schritte, die man getan hat, und Tode, die man gestorben ist, soll man nicht bereuen.

Calw als Heimat gab es für Hermann Hesse also nur noch in Träumen und im Dichten. Als solche ging sie mit ihrer »merkwürdigen Schönheit« in die meisten seiner Texte ein: »Zu beschreiben brauche ich sie nicht, das steht fast in allen Büchern, die ich geschrieben habe.« Ohne je in der Stadt gewesen zu sein, kann man sie also durch die Lektüre von Hesses Werken kennen, zumindest ging das Wulf Kirsten so. Als der aus Klipphausen bei Meißen stammende und in Weimar lebende Autor 1996 das Hermann-Hesse-Stipendium antrat, stellte er fest:

Hier also bin ich in einer schwäbischen Kleinstadt am Schwarzwaldrand gelandet, die ich längst kenne, ohne sie vorher je betreten zu haben. Aus den Erzählungen Hermann Hesses und einigen seiner Romane wußte ich ja längst bestens Bescheid. Ich nutze den Lokaltermin, um wiederzulesen, um mich und den Ort zu prüfen, zu fragen, wie find ich mich wieder in Calw an der Nagold.

Die Lektüre von Hesses Werken ersetzt trotzdem nicht das Erlebnis eines Besuches in dem mythischen Dichterort. So kann man im historischen Stadtpalais »Haus Schüz«, in dem seit 1990 das Hermann-Hesse-Museum untergebracht ist, nicht nur einen Blick auf Leben und Werk des Dichters, darunter Originalaquarelle aus seiner Hand, werfen, man kann sich auch in die Geschichte Calws vertiefen und den pietistischen Hintergrund von Hesses Familie in Bildern und Dokumenten kennenlernen. Auch ein Stipendiatenzimmer, in dem mehr über die bisherigen Inhaber des Hermann-Hesse-Stipendiums zu erfahren ist, befindet sich hier. Bei Wanderungen durch die Stadt und nach Hirsau fühlt man sich auf Schritt und Tritt an Stellen aus Hesses Werken erinnert, und auf der Nikolausbrücke sollte man dem Dichter Aug in Aug gegenübertreten und seinem nicht ganz anwesenden, aber auch nicht ganz abwesenden Blick begegnen.

Aug in Aug mit dem Dichter auf der Nikolausbrücke – zum 125. Geburtstag Hesses 2002 schuf der Bildhauer Kurt Tassotti seine lebensgroße Bronzestatue.

Nützliche Informationen und Adressen

Asperg

Hohenasperg – Ein deutsches Gefängnis
Hohenasperg 1
71679 Asperg
Telefon (0711) 2 12 39 89
besucherdienst@hdgbw.de
www.hdgbw.de/ausstellungen/hohenasperg

Calw

Hermann-Hesse-Museum Calw im Haus Schüz
Marktplatz 30
75365 Calw
Telefon (07051) 75 22
hermann-hesse-museum@calw.de
www.calw.de/Hermann-Hesse-Museum

Kloster Hirsau
Klosterhof 1
75365 Calw-Hirsau
Telefon (07051) 167-399
stadtinfo@calw.de
www.calw.de/Kloster-Hirsau

Klostermuseum
Calwer Straße 6
75365 Calw-Hirsau
Telefon (07051) 5 90 15
klostermuseum@calw.de
www.calw.de/Klostermuseum

Faust-Orte

Faust-Archiv
Kirchplatz 9
75438 Knittlingen
Telefon (07043) 95 16 10
faustmuseum@knittlingen.de
www.faustmuseum.de

Faust-Museum
Kirchplatz 2
75438 Knittlingen
Telefon (07043) 9 50 69 22
faustmuseum@knittlingen.de
www.faustmuseum.de

Kloster Maulbronn
Klosterhof 5
75433 Maulbronn
Telefon (07043) 92 66 10
info@kloster-maulbronn.de
www.kloster-maulbronn.de

Ausschnitt aus dem Faust-Denkmal vor dem Knittlinger Rathaus.

Graf Wilhelm von Württemberg war ein begeisterter Waffensammler. Rüstungen und Waffen sorgen im Rittersaal für das richtige Ambiente.

Leonberg

Christian-Wagner-Haus Warmbronn
Christian-Wagner-Straße 3
71229 Leonberg-Warmbronn
Telefon (07152) 4 34 01
info@cw-gesellschaft.de
www.christian-wagner-gesellschaft.de

Pomeranzengarten
Stadtinformation
Belforter Platz 1
71229 Leonberg
Telefon (07152) 9 90-14 08
stadtmarketing@leonberg.de
www.leonberg.de

Stadtmuseum Leonberg
Kristin Koch-Konz
Pfarrstraße 1
71229 Leonberg
Telefon (07152) 9 90-14 22
stadtmarketing@leonberg.de
www.leonberg.de

Lichtenstein

Nebelhöhle
72820 Sonnenbühl-Genkingen
Telefon (07128) 6 05 oder 9 25 18
info@sonnenbuehl.de
http://hoehlen.sonnenbuehl.de

Wilhelm-Hauff-Museum
Echazstr. 2
72805 Lichtenstein-Honau
Telefon (07129) 41 15
wilhelm-hauff-museum@web.de
www.gemeinde-lichtenstein.de

Schlossverwaltung Lichtenstein
72805 Lichtenstein
Telefon (07129) 41 02
verwaltung@schloss-lichtenstein.de
www.schloss-lichtenstein.de

1905 besuchte König Wilhelm II. von Württemberg mit seiner Frau Charlotte das zwei Jahre zuvor eingeweihte Schiller-Nationalmuseum in Marbach am Neckar. Noch wirkte der Vorplatz leer und kahl.

Marbach am Neckar

Schillers Geburtshaus

Niklastorstraße 31
71672 Marbach am Neckar
Telefon (07144) 1 75 67
info@schillersgeburtshaus.de
www.schillersgeburtshaus.de

Schiller-Nationalmuseum/ Literaturmuseum der Moderne

Deutsches Literaturarchiv Marbach
Abt. Museum
Schillerhöhe 8–10
71672 Marbach
Telefon (07144) 848-601
museum@dla-marbach.de
www.dla-marbach.de

Schloss Solitude

Akademie Schloss Solitude

Solitude 3
70197 Stuttgart
Telefon (0711) 99 61 90
www.akademie-solitude.de

Museum Fritz von Graevenitz

Solitude 24
70197 Stuttgart
Telefon (0711) 6 20 59 13
julia.mueller@graevenitz-stiftung.de
www.graevenitz-stiftung.de

Schloss Solitude

Solitude 1
70197 Stuttgart
Telefon (07141) 18 64 00
info@schloss-solitude.de
www.schloss-solitude.de

Stauferland

Ausstellung »Die Staufer« im Dokumentationsraum für staufische Geschichte

Kaiserbergsteige 22
73037 Göppingen-Hohenstaufen
Telefon (07161) 650-9911
museen@goeppingen.de
www.goeppingen.de

Kloster Lorch – Touristikbüro und Stauferfalknerei

Klosterstraße 2
73547 Lorch
Telefon (07172) 92 84 97
info@kloster-lorch.com
www.schloesser-und-gaerten.de

Stuttgart

Grabkapelle auf dem Württemberg

Württembergstraße 340
70327 Stuttgart
Telefon (0711) 33 71 49
info@grabkapelle-rotenberg.de
www.grabkapelle-rotenberg.de

Hoppenlaufriedhof

Rosenbergstraße 7
70174 Stuttgart
web@hoppenlaufriedhof.info
www.hoppenlaufriedhof.info

Tübingen

Hesse-Kabinett Tübingen

Holzmarkt 5
72070 Tübingen
Telefon (07071) 204-1711
stadtmuseum@tuebingen.de
www.tuebingen.de/hesse

Hölderlinturm

Bursagasse 6
72070 Tübingen
Telefon (07071) 2 20 40
info@hoelderlin-gesellschaft.de
www.hoelderlin-gesellschaft.de

Kloster Bebenhausen

Im Schloss
72074 Tübingen-Bebenhausen
Telefon (07071) 60 28 02
info@kloster-bebenhausen.de
www.kloster-bebenhausen.de

Wurmlinger Kapelle

Kapellenweg
72108 Rottenburg am Neckar – Wurmlingen
Telefon (0 74 72) 17 90
pfarramt.wurmlingen@se-pfaffenberg.de
www.rottenburg.de

Weinsberg

Burgruine Weibertreu

Parkplatz Grasiger Weg
74189 Weinsberg
Telefon (07134) 512-106
birgit.muenz@weinsberg.de
www.weinsberg.de

Kernerhaus

Öhringer Straße 3
74189 Weinsberg
Telefon (07134) 25 53
birgit.muenz@weinsberg.de
www.weinsberg.de

Weibertreu-Museum

Marktplatz 11
Im Rathaus
74189 Weinsberg
Telefon (07134) 512-139
susanne.schmehl@weinsberg.de
www.weinsberg.de

Literaturhinweise

Asperg

Brandstätter, Horst: Asperg. Ein deutsches Gefängnis. Berlin: Wagenbach, 1978.

Bürger, Jan: Der Neckar. Eine literarische Reise. München: C. H. Beck, 2013.

Feuchtwanger, Lion: Jud Süß. Roman. 3. Aufl. Berlin: Aufbau Taschenbuch Verlag, 2004.

Hohenasperg. Ein deutsches Gefängnis. Zweigmuseum des Hauses der Geschichte Baden-Württemberg im Arsenalbau der Festung Hohenasperg. Hrsg. vom Haus der Geschichte Baden-Württemberg. Red.: Franziska Dunkel. Stuttgart: Haus der Geschichte Baden-Württemberg, 2011.

Das Löwentor wurde 1675 als einziger Zugang zur Festung Hohenasperg erbaut. Über dem Torbogen ist ein Löwenkopf angebracht.

Kerner, Justinus: Das Bilderbuch aus meiner Knabenzeit. Erinnerungen aus den Jahren 1786 bis 1804. Braunschweig: Vieweg, 1849.

Müller, Wolfgang: Ein Besuch, der nie stattfand. Schiller, Schubart und die Festung Hohenasperg. In: Jahrbuch der Deutschen Schillergesellschaft 56 (2012). S. 19–39.

Ranke, Wolfgang: Schiller, Schubart und der Hohenasperg. Marbach am Neckar: Deutsche Schillergesellschaft, 2009. (Spuren. 86.)

Schubart, [Christian Friedrich Daniel]: Werke. Ausgew. und eingel. von Ursula Wertheim und Hans Böhm. 3. Aufl. Berlin/Weimar: Aufbau-Verlag, 1965.

Ders.: Dokumente seines Lebens. Hrsg. von Hermann Hesse und Karl Isenberg. Berlin: S. Fischer, 1926.

Vehse, Carl Eduard: Die Höfe zu Württemberg. Bearb. und hrsg. von Wolfgang Schneider. Leipzig [u. a.]: Kiepenheuer, 1992.

Calw

Hahn, Andrea: Poesie im Kreuzgang. Literarische Spaziergänge durch Klöster in Baden-Württemberg. [Fotos: Chris Korner]. Tübingen: Silberburg-Verlag, 2011.

Hasler, Eveline: Tessin-Calw/Calw-Tessin. Entstanden während des Hermann-Hesse-Stipendiums in Calw Februar bis April 2001. In: »Die schönste Stadt ist Calw an der Nagold«. Dreißig Texte der Calwer Hermann-Hesse-Stipendiaten. Mit einem Vorwort von Andreas Narr. Hrsg. von Friedrich Pfäfflin. Tübingen: Klöpfer & Meyer, 2010. S. 166–173.

Der Hermann-Hesse-Brunnen wurde dem berühmten Sohn Calws 1920 gewidmet. Zum 70. Geburtstag wurde auch der Platz nach ihm benannt.

Heißerer, Dirk: Rudolf Schlichter in Calw. Marbach am Neckar: Deutsche Schillergesellschaft, 1998. (Spuren. 39.) [Darin das Zitat von Klaus Mann.]

Hesse, Hermann: Berthold. In: H. H.: Sämtliche Werke. Hrsg. von Volker Michels. Frankfurt a. M.: Suhrkamp, 2001. Bd. 7. S. 85–127.

Ders.: Die Kindheit des Zauberers. In: Ebd. 2002. Bd. 9. S. 171–187.

Ders.: Heimat. In: Ebd. 2003. Bd. 12. S. 76 f.

Kerner, Justinus: Das Wildbad im Königreich Württemberg, nebst Nachrichten über die benachbarten Heilquellen Liebenzell und Teinach und das Kloster Hirsau. 4., verb. und verm. Auflage. Tübingen: Osiander, 1839.

Kirsten, Wulf: Gespräch mit der Wasseramsel. Entstanden während des Hermann-Hesse-Stipendiums in Calw Mai bis August 1996. In: »Die schönste Stadt ist Calw an der Nagold«. [a. a. O.]. S. 26–35.

Rothfuss, Uli: Autoren Bücher Calw. Eintausend Jahre Literatur- und Geistesgeschichte in Calw und Hirsau. Tübingen: Silberburg-Verlag, 2001.

Schnierle-Lutz, Herbert: Hermann Hesse. Schauplätze seines Lebens. Frankfurt a. M. / Leipzig: Insel-Verlag, 1997.

Schlichter, Rudolf: Kleine Stadt. Calw. Aus einer ungedruckten Selbstbiographie. Mit sechs Zeichnungen vom Verfasser. In: Das Kunstblatt 12 (1928). S. 373–378.

Schwab, Gustav: Wanderungen durch Schwaben. Leipzig: Wigand, [ca. 1837].

Setzler, Wilfried: Mit Hesse von Ort zu Ort. Lebensstationen des Dichters in Baden-Württemberg. Tübingen: Silberburg-Verlag, 2012.

Staudenmeyer, Walter [Bearb.]: Hermann Hesse. »Die schönste Stadt … aber ist Calw an der Nagold«. Marbach am Neckar: Deutsche Schillergesellschaft, 1979. (Marbacher Magazin. 12.) [Darin das *Calwer Tagebuch*.]

Ders.: Herman Hesse und Calw. In: Antiquariat 23 (1973). S. 156–159.

Faust-Orte

Bock, Emil: Vorboten des Geistes. Schwäbische Geistesgeschichte und Christliche Zukunft. Stuttgart: Verlag der Christengemeinschaft, 1929.

Dürr, Max: Der Hexenturm. Eine spukhafte Geschichte. Mit 12 Originalaufnahmen aus Maulbronn und seinem Kloster von der Kunstwerkstätte Max Beyerle in Maulbronn. Stuttgart: Hahn, 1929.

Ehlers, Martin: Maulbronn. Das Kloster und die Dichter. Mit einem Vorw. von Günther Mahal und Fotografien von Irmgard Troniarsky. Hrsg. von der Stadt Maulbronn. Horb a. N.: Geiger, 1996.

Kerner, Justinus: Das Bilderbuch aus meiner Knabenzeit. Erinnerungen aus den Jahren 1786 bis 1804. Braunschweig: Vieweg, 1849.

Kloster Maulbronn. 1178–1978. Hrsg. vom Seminarephorat Maulbronn und dem Landesdenkmalamt Baden-Württemberg. Maulbronn 1978.

Kurz, Hermann: Jugenderinnerungen. Stuttgart: Kröner, 1874. (H. K.: Gesammelte Werke. Hrsg. von Paul Heyse. Bd. 8.)

Mahal, Günther: Faust. Und Faust. Der Teufelsbündler in Knittlingen und Maulbronn. Tübingen: Attempto Verlag, 1997.

Scheffel, Joseph Victor von: Gaudeamus! Lieder aus dem Engeren und Weiteren. 4. Aufl. Stuttgart: Metzler, 1869.

Tetzner, Lisa: Maulbronn. In: Osswald, Richard: Der Lehrer Karl Friedrich Oßwald und seine Zeitschrift »Der Sommergarten« 1920–1934. Ludwigsburg: Pädagogische Hochschule, 1988. S. 34–38.

Ziegler, Hansjörg: Maulbronner Köpfe. Vaihingen an der Enz: Melchior, 1987.

Leonberg

Harald Hepfer / Friedrich Pfäfflin [Bearb.]: Der Dichter Christian Wagner. Marbach am Neckar: Deutsche Schillergesellschaft, 1983. (Marbacher Magazin. Sonderh. 28.) [Darin das Zitat von Hans Erich Blaich bzw. Dr. Owlglass.]

Häuser in Warmbronn. Materialien für eine Erzählchronik / Christian Wagner 1887. Burckhard Dücker. Hrsg. von Harald Hepfer. Warmbronn: Christian-Wagner-Gesellschaft, 2012. [Darin Christian Wagners Wunsch, was nach seinem Tod mit seinem Anwesen geschehen soll.]

Hoffmann, Dieter: Ein gütig austeilender Hausvater. 25 Jahre Verlag Ulrich Keicher in Warmbronn. In: Marginalien 4 (2008). S. 17–24.

Keicher, Ulrich: »Schlummert sanft ihr modernde Gebeine«. Leonberger Literaturgeschichte vom Mittelalter bis heute. Leonberg: Stadt Leonberg, 1994. [Darin auch die Zitate von Eberhard Gottlob Paulus, Karl Wilhelm Hochstätter, Albrecht Goes.]

Mörike, Eduard: Briefe 1829–1832. Hrsg. von Hans-Ulrich Simon. Stuttgart: Klett-Cotta, 1985. (E. M.: Werke und Briefe. Hist.-krit. Gesamtausg. Bd. 11.)

Müller, Ernst: Schillers Mutter. Ein Lebensbild. Leipzig: Seemann, 1894.

Schönwitz, Ute: Ich bin sehr schön logiert. Literarische Geschichten aus Leonberg. Warmbronn: Warmbronner Anstöße, 2011.

Wagner, Christian: Ein Stück Ewigkeitsleben. Ein Lesebuch, eine Werkauswahl. Hrsg. von Axel Kuhn. Eingel. von Burckhard Dücker. Tübingen: Klöpfer & Mayer, 2015. [Darin auch die Zitate von Karl Kraus, Gustav Landauer.]

Der Christian-Wagner-Brunnen in Warmbronn wurde von dem Architekten Frei Otto entworfen. Der Baum steht symbolisch für Wagner.

Lichtenstein

Härtling, Peter: Hölderlin. Ein Roman. Darmstadt/Neuwied: Luchterhand, 1976 [u. ö.]. (Sammlung Luchterhand. 260.)
Ders.: In der Ulrichshöhle. In: Frankfurter Anthologie 2 (1977). S. 25–28.
Hauff, Wilhelm: Lichtenstein. Romantische Sage. In: W. H.: Sämtliche Werke in zwei Bänden. Leipzig: Reclam [ca. 1880 u. ö.]. Bd. 1. S. 451–772.
Hild, Katharina / Hild, Nikola: Lichtenstein. Reutlingen: Oertel und Sporer, 2000.
Hölderlin, Friedrich: Der Winkel von Hardt. In: F. H.: Gedichte. Hrsg. von Jochen Schmidt. Frankfurt a. M.: Deutscher Klassiker Verlag, 1992. S. 321. (F. H.: Sämtliche Werke und Briefe. Bd. 3.)
Ivanovic, Christine: Hölderlins »Winkel von Hardt« als Erinnerungsort. Marbach am Neckar: Deutsche Schillergesellschaft, 2009. (Spuren. 79.)
Mojem, Helmuth: Literatur als Ursprung. Hauffs »Lichtenstein«. In: Unterm Parnass. Das Schiller Nationalmuseum. Hrsg. von Heike Gfrereis und Ulrich Raulff. Ebd., 2009. S. 124–127.
Paulus, Eduard: Gesammelte Dichtungen. Stuttgart: Frommann, 1892.
Pfäfflin, Friedrich [Bearb.]: Wilhelm Hauff und der Lichtenstein. Marbach am Neckar: Deutsche Schillergesellschaft, 1981. (Marbacher Magazin. 18.)
Potthast, Barbara: Der Lichtenstein. Ein Sehnsuchtsort des 19. Jahrhunderts. In: Kurzer Aufenthalt. Streifzüge durch literarische Orte. Hrsg. von Ute Harbusch und Gregor Wittkop. Göttingen: Wallstein, 2007. S. 197–201.
Schwab, Gustav: Die Neckarseite der Schwäbischen Alb. Mit Andeutungen über die Donauseite, eingestreuten Romanzen und andern Zugaben. Wegweiser und Reisebeschreibung. Stuttgart: Metzler, 1823. S. 60–69.
Schwarzmaier, Hansmartin: Lichtenstein und Hohentwiel. Bilder des Mittelalters aus Württemberg und Baden im 19. Jahrhundert. In: Zeitschrift für württembergische Landesgeschichte 64 (2005). S. 261–282.
Ury, Else: Nesthäkchen fliegt aus dem Nest. Erzählung für junge Mädchen. Illustriert von Prof. R. Sedlacek und C. Benedek. Berlin: Meidinger's Jugendschriften Verlag [o. J.]. Kap. 10: In der Nebelhöhle. http://gutenberg.spiegel.de/buch/-7641/11 [Zugriff: 31.10.18]

Marbach am Neckar

Andersen, Hans Christian: Die alte Kirchenglocke. In: Schiller-Album der Allgemeinen deutschen National-Lotterie: zum Besten der Schiller- und Tiedge-Stiftungen. Dresden: National-Lotterie-Buchdruckereien, 1861. S. 57–62.
Bergold, Albrecht / Pfäfflin, Friedrich [Bearb.]: Schillers Geburtshaus in Marbach am Neckar. Marbach am Neckar: Deutsche Schillergesellschaft, 1988. (Marbacher Magazin. 46.)
Bürger, Jan: Der Neckar. Eine literarische Reise. München: C. H. Beck, 2013.
Davidis, Michael / Schmidt, Thomas: Schiller in Marbach. Die Ausstellung im Geburtshaus. Marbach am Neckar: Marbacher Schillerverein, 2010. (Sonderdr.)
Lohkamp, Christine: Bau- und Besitzgeschichte eines Marbacher Handwerkerhauses. Marbach am Neckar: Marbacher Schillerverein, 1997. (Schriften zur Marbacher Stadtgeschichte. 9.)
Schwab, Gustav: Wanderungen durch Schwaben. Leipzig: Wigand, [ca. 1837].
Setzler, Wilfried: Mit Schiller von Ort zu Ort. Lebensstationen des Dichters in Baden-Württemberg. Tübingen: Silberburg-Verlag, 2009.

Die repräsentative Neckarseite des Schiller-Nationalmuseums demonstriert den Schlosscharakter des für die Geistesaristokratie geschaffenen Museums.

Tecchi, Bonaventura: Schwabenland – Dichterland. Übertr. aus dem Ital. von Ingeborg Guadagna und Peter Meuer. Zürich/Stuttgart: Classen, 1972.

Wildermuth: Ottilie: Aus Schillers Heimath. Marbach am Neckar: Marbacher Schillerverein, 1995. (Schön- und Widerdrucke / Schöndrucke. 3.)

Schloss Solitude

Davidis, Michael: Schillers Eltern. Zwei bekannte Unbekannte. Marbach am Neckar: Marbacher Schillerverein, 2009. (Schriften des Marbacher Schillervereins. 5.)

Fritsch, Werner: [Erstveröffentlichung.]

Schiller, Johann Caspar: Die Baumzucht im Großen aus zwanzigjährigen Erfahrungen im Kleinen in Rücksicht auf ihre Behandlung, Kosten, Nutzen und Ertrag beurtheilt. Neustrelitz: Neuprivilegirte Hofbuchhandlung, 1796.

Ders.: Meine Lebensgeschichte. Mit einem Nachw. von Ulrich Ott. Marbach am Neckar: Schillerverein Marbach am Neckar, 1993. (Wiederdrucke. 1.)

Schwab, Gustav: Schillers Leben in drei Büchern. Stuttgart: Liesching, 1840.

Streicher, Andreas: Schiller's Flucht von Stuttgart und Aufenthalt in Mannheim von 1782 bis 1785. Stuttgart/Augsburg: Cotta, 1836.

Stauferland

Brune, Thomas / Schiller, Friedrich Alfred: Staufischer Abglanz : Das Erbe Hohenstaufens im 19. und 20. Jahrhundert. In: Schwäbische Heimat 28 (1977). H. 1, S. 27–33.

[Conz, Karl Philipp:] Conradin von Schwaben. Ein Drama in fünf Acten. Frankfurt a. M. / Leipzig, 1782.

Hausenstein, Wilhelm: Wanderungen. Auf den Spuren der Zeiten. Frankfurt a. M.: Societäts-Verlag, 1935.

Kerner, Justinus: Die lyrischen Gedichte. 5., verb. Aufl. Stuttgart/Tübingen 1854.

Magazin 900 Jahre Kloster Lorch. Ein Rundgang durch die Geschichte des Klosters. Hrsg. im Auftrag der Staatlichen Schlösser und Gärten Baden-Württemberg. 2. Aufl. Stuttgart: Staatsanzeiger, 2006.

Mörike, Eduard: Briefe 1: 1868–1875. Hrsg. von Regina Cerfontaine und Hans-Ulrich Simon. Stuttgart: Klett-Cotta, 2006. (E. M.: Werke und Briefe. Hist.-krit. Gesamtausg. Bd. 19.1.)

Paulus, Eduard: Gesammelte Dichtungen. Stuttgart: Frommann, 1892.

Schwab, Gustav: Die Neckarseite der Schwäbischen Alb, mit Andeutungen über die Donauseite, eingestreuten Romanzen und andern Zugaben. Wegweiser und Reisebeschreibung […]. Stuttgart: Metzler, 1823.

Uhland, Ludwig: Gedichte. Wohlfeile Ausg. 2. Aufl. Stuttgart/Tübingen: Cotta, 1853.
Vischer, Friedrich Theodor: Lyrische Gänge. 2., verm. Aufl. Stuttgart [u. a.]: Deutsche Verlags-Anstalt [o. J.]. S. 138 f.
Weigend, Friedrich [u. a.]: Keine Ruhe im Kyffhäuser. Das Nachleben der Staufer. Ein Lesebuch zur deutschen Geschichte. Stuttgart/Aalen: Theiss Verlag, 1978. [Darin der Text von Johann Gottfried Pahl.]

Stuttgart

Durst-Benning, Petra: Die Zuckerbäckerin. Historischer Roman. Düsseldorf/München: Econ, 1997 [u. ö.].
Fiege, Gertrud [Bearb.]: Die Scherenschneiderin Luise Duttenhofer. Marbach am Neckar: Deutsche Schillergesellschaft, 1979. (Marbacher Magazin. 13.)
Im Glanz der Zaren. Die Romanows, Württemberg und Europa. Stuttgart/Ulm: Landesmuseum Württemberg / Süddeutsche Verlagsgesellschaft im Jan Thorbecke Verlag, 2013.
Gündert, Gisela [u. a.]: 200 Jahre Königin Katharina Stift. 1818–2018. Hrsg. vom Königin-Katharina-Stift. Stuttgart: Königin-Katharina-Stift, 2018.
Hauff, Wilhelm: Lichtenstein. Romantische Sage. In: W. H.: Sämtliche Werke in zwei Bänden. Leipzig: Reclam [ca. 1880 u. ö.]. Bd. 1, S. 451–772.
Merkle, J.: Katharina Pawlowna. Königin von Württemberg. Beiträge zu einer Lebensbeschreibung der Fürstin besonders nach neuen russischen Quellen. Stuttgart: Kohlhammer, 1890. [Darin der Brief von Therese Huber.]
Rehm, Max: Königin Katharina von Württemberg. Ihr Leben und Wirken nach Selbstzeugnissen und im Spiegel der Zeitgenossen 1788–1819. Stuttgart: Kohlhammer, 1968. [Darin der Text von Wassili Andrejewitsch Schukowski.]
Schubart, Ludwig: Schubart's Karakter. Erlangen: [Eigenverlag], 1798.
Der Stuttgarter Hoppenlaufriedhof als literarisches Denkmal. Bearb. von Udo Dickenberger, Waltraud und Friedrich Pfäfflin. Marbach am Neckar: Deutsche Schillergesellschaft, 1991. (Marbacher Magazin. 59.) [Darin die Texte zu Wilhelm Hauffs letzten Tagen, C. F. D. Schubarts Grabinschrift, Friedrich Haug.]
Tjutčev, Fëdor Ivanovič: Im Tal der Fluß …, In: Ders.: Im Meeresrauschen klingt ein Lied. Ausgewählte Gedichte. Russ./Dt. Hrsg. und übers. von Ludolf Müller. Dresden: Thelem, 2003. S. 74–77. (Kleine Slavische Bibliothek. Bd. 2.)
Uhland, Ludwig: Gedichte und Dramen in zwei Bänden. Bd. 1. Stuttgart/Berlin: Cotta, [ca. 1900].

Tübingen

Bauer, Ludwig: Schriften. Nach seinem Tode in einer Auswahl hrsg. von seinen Freunden. Stuttgart: Blum und Vogel, 1847.
Bürger, Jan: Der Neckar. Eine literarische Reise. München: C. H. Beck, 2013.
Härtling, Peter: Hölderlin. Ein Roman. Darmstadt/Neuwied: Luchterhand, 1976 [u. ö.]. (Sammlung Luchterhand. 260.)
Hahn, Andrea: Poesie im Kreuzgang. Literarische Spaziergänge durch Klöster in Baden-Württemberg. [Fotos: Chris Korner.]. Tübingen: Silberburg-Verlag, 2011.
Hesse, Hermann: Im Presselschen Gartenhaus. Eine Geschichte aus dem alten Tübingen. In: H. H.: Sämtliche Werke. Hrsg. von Volker Michels. Frankfurt a. M.: Suhrkamp, 2001. Bd. 8, S. 84–112.
Hölderlin, Friedrich: Der Frühling. In: F. H.: Gedichte. Hrsg. von Jochen Schmidt. Frankfurt a. M.: Deutscher Klassiker Verlag, 1992. S. 467. (F. H.: Sämtliche Werke und Briefe. Bd. 3.)

Köhler, Joachim / Manz, Dieter (Hrsg.): Die Wurmlinger Kapelle. Sage, Geschichte, Dichtung, Kunst. Sigmaringen: Thorbecke, 1985.

Kuschel, Karl-Josef: »Lieder singen möchtest du hier ...«. Über den poetischen Zauber der Wurmlinger Kapelle. In: Allmende (1986). H. 15, S. 38–47.

Lenau, Nikolaus: Die Wurmlinger Kapelle. In: N. L.: Sämtliche Werke und Briefe. Hrsg. von Hermann Engelhard. Stuttgart: Cotta, 1959. S. 46 f.

Mayer, Karl: Ludwig Uhland, seine Freunde und Zeitgenossen. Erinnerungen. Bd. 1. Stuttgart: Krabbe, 1867.

Mörike, Eduard: Briefe. 1864–1867. Hrsg. von Regina Cerfontaine und Hans-Ulrich Simon. Stuttgart: Klett-Cotta, 2006. (E. M.: Werke und Briefe. Hist.-krit. Gesamtausg. Bd. 18.) – Briefe 1. 1868–1875. Ebd. (Bd. 19.1.)

Müller, Hartmut: Literaturreisen. Der Neckar. Stuttgart/Dresden: Ernst Klett, 1994.

Nicolai, Friedrich: Beschreibung einer Reise durch Deutschland und die Schweiz im Jahre 1781. Nebst Bemerkungen über Gelehrsamkeit, Industrie, Religion und Sitten. Bd. 11. Berlin/Stettin: [Friedrich Nicolai], 1796.

Schelling, Friedrich Wilhelm Joseph: Aus Schellings Leben in Briefen. [Hrsg. von G. L. Plitt.] Bd. 1. Leipzig: Hirzel, 1869.

Schwab, Gustav: Wanderungen durch Schwaben. Leipzig: Wigand, [ca. 1837].

Simon, Hans-Ulrich: Wilhelm Waiblinger. Marbach am Neckar: Deutsche Schillergesellschaft, 1979. (Marbacher Magazin. 14.)

Uhland, Ludwig: Gedichte und Dramen in zwei Bänden. Bd. 1. Stuttgart/Berlin: Cotta, [ca. 1900].

Varnhagen von Ense, K[arl] A[ugust]: Denkwürdigkeiten und vermischte Schriften. Bd. 3. Mannheim: Hoff, 1838.

Volke, Werner [Bearb.]: Hölderlin in Tübingen. Marbach am Neckar: Deutsche Schillergesellschaft, 1978. (Marbacher Magazin. 11.)

Waiblinger, Wilhelm: Friedrich Hölderlins Leben. Dichtung und Wahnsinn. Nach der Marbacher Handschrift hrsg. von Adolf Beck. Marbach am Neckar: Deutsche Schillergesellschaft, 1951.

Ders.: Tagebücher 1821–1826. Textkrit. und komm. Ausg. in zwei Bänden. Hrsg. von Hans Königer. Bd. 2. Stuttgart: Cotta, 1993. (Veröffentlichungen der Deutschen Schillergesellschaft. 46.)

Weinsberg

Berger-Fix, Andrea (Hrsg.): Nur … wenn man von Geistern spricht. Briefe und Klecksographien. Stuttgart/Wien: Edition Erdmann in K. Thiememanns Verlag, 1986.

Bürger, Jan: Der Neckar. Eine literarische Reise. München: C. H. Beck, 2013.

Heuss, Theodor: Das Rickele. Fridericke Kerner und ihr Justinus. In: Brot und Wein. Jahresgabe Schwäbischer Dichtung (1958). S. 7–9.

Jaegle, Dietmar: Justinus Kerner, Dichter, Arzt, Wein- und Menschenkenner. In: Kerner Justinus Weinsberg. Mit Beitr. von Michael Weier [u. a.]. Marbach am Neckar: Remppis, 2014. S. 25–39.

Justinus-Kerner-Verein und Frauen-Verein Weinsberg e. V.: www.justinus-kerner-verein.de/das-kernerhaus/besucher-des-kernerhauses.html [Zitate aus Briefen von Ottilie Wildermuth und Friedrich Silcher; Zugriff: 18.01.2019.]

Kerner, Justinus: Briefwechsel mit seinen Freunden. Hrsg. von Theobald Kerner. Durch Einl. und Anm. erl. von Ernst Müller. Stuttgart/Leipzig: Deutsche Verlags-Anstalt, 1897.

Ders.: Das Leben des Justinus Kerner / erzählt von ihm und seiner Tochter

Marie. [Hrsg. von Karl Pörnbacher.] Weinsberg: Justinus-Kerner-Verein und Frauenverein, 2005.
Kerner, Theodor: Das Kernerhaus und seine Gäste. Stuttgart [u. a.]: Deutsche Verlags-Anstalt, 1897.
Lenau, Nikolaus: Faust: In: N. L.: Sämtliche Werke und Briefe. Hrsg. von Hermann Engelhard. Stuttgart: Cotta, 1959. S. 447–549.
Müller, Hartmut: Literaturreisen. Der Neckar. Stuttgart/Dresden: Ernst Klett, 1994.
Schumacher, Tony: Was ich als Kind erlebt. 4. Aufl. Stuttgart/Leipzig: Deutsche Verlags-Anstalt, 1901.
Schwab, Gustav: Wanderungen durch Schwaben. Leipzig: Wigand, [ca. 1837].
Strauß, David Friedrich: Kleine Schriften. Bd. 1. 2. Aufl. Bonn: Emil Strauß, 1877.
Wildermuth, Rosemarie [Bearb.]: »Zweimal ist kein Traum zu träumen«. Die Weiber von Weinsberg und die Weibertreu. Marbach am Neckar: Deutsche Schillergesellschaft, 1990. (Marbacher Magazin. Sonderh. 53.)

Das Kernerhaus in Weinsberg wurde im sogenannten Schweizerstil erbaut, der im 19. Jahrhundert sehr beliebt war. Nicht zuletzt durch die Verwendung von Holz soll ein »Schweizerhaus« die Verbindung zur Natur und zum einfachen Leben der Bergbauern betonen.

Abdruckgenehmigungen

Durst-Benning, Petra: Die Zuckerbäckerin. Historischer Roman. [Auszug.] © Ullstein Buchverlage Berlin.

Feuchtwanger, Lion: Jud Süß. Roman. [Auszug.] © Aufbau Verlag GmbH & Co. KG Berlin 1984, 2008.

Härtling, Peter: Gesammelte Werke Band 5. Hölderlin. [Auszüge.] © Verlag Kiepenheuer & Witsch GmbH & Co. KG Köln 1997.

Hausenstein, Wilhelm: Wanderungen. Auf den Spuren der Zeiten. [Auszug.] © Societäts-Verlag Frankfurt am Main 1935.

Hesse, Hermann: Textauszug aus: Hermann Hesse, Sämtliche Werke in 20 Bänden. Herausgegeben von Volker Michels. Band 7: Die Erzählungen 2. © Suhrkamp Verlag Frankfurt am Main 2001. Alle Rechte bei und vorbehalten durch Suhrkamp Verlag Berlin.

Hesse, Hermann: Textauszug aus: Hermann Hesse, Sämtliche Werke in 20 Bänden. Herausgegeben von Volker Michels. Band 8: Die Erzählungen 3. © Suhrkamp Verlag Frankfurt am Main 2002. Alle Rechte bei und vorbehalten durch Suhrkamp Verlag Berlin.

Hesse, Hermann: Textauszug aus: Hermann Hesse, Sämtliche Werke in 20 Bänden. Herausgegeben von Volker Michels. Band 9: Märchen und Legenden. © Suhrkamp Verlag Frankfurt am Main 2002. Alle Rechte bei und vorbehalten durch Suhrkamp Verlag Berlin.

Hesse, Hermann: Textauszug aus: Hermann Hesse, Sämtliche Werke in 20 Bänden. Herausgegeben von Volker Michels. Band 7: Autobiographische Schriften 2. © Suhrkamp Verlag Frankfurt am Main 2003. Alle Rechte bei und vorbehalten durch Suhrkamp Verlag Berlin.

Keicher, Ulrich: Schlummert sanft ihr modernde Gebeine. Leonberger Literaturgeschichte vom Mittelalter bis heute. [Auszug.] © Stadt Leonberg 1994.

Mörike, Eduard: Briefe 1. 1868–1875. [Auszug.] Hrsg. von Regina Cerfontaine und Hans-Ulrich Simon. © Klett-Cotta Stuttgart 2006. (E. M.: Werke und Briefe. Hist.-krit. Gesamtausg. Bd. 19.1.).

Schlichter, Rudolf: Kleine Stadt. Calw. Aus einer ungedruckten Selbstbiographie. Mit sechs Zeichnungen vom Verfasser. [Auszug.] © Viola Roehr v. Alvensleben, München.

Tjutčev, Fëdor Ivanovič: »Im Tal der Fluß …«. In: F. I. T.: Im Meeresrauschen klingt ein Lied. Ausgewählte Gedichte. Russ./Dt. Hrsg. und übers. von Ludolf Müller. Dresden: Thelem, 2003. S. 74–77. (Kleine Slavische Bibliothek. Bd. 2.) © Christiane Müller, Lothar Müller-Güldemeister, Barbara Wille-Lehmann.

Wagner, Christian: Ein Stück Ewigkeitsleben. Ein Lesebuch, eine Werkauswahl. Hrsg. von Axel Kuhn. Eingel. von Burckhard Dücker. [Textauszüge und Gedicht »Syringen«.] © Christian-Wagner-Gesellschaft Warmbronn.

Wagner, Christian: 1887. Häuser in Warmbronn. Materialien für eine Erzählchronik. Hrsg. von Burckhard Dücker. [Auszug.] © Christian-Wagner-Gesellschaft Warmbronn 2012.

Der Silberburg-Verlag dankt den Rechteinhabern für die Abdruckgenehmigungen. In einigen Fällen konnten die Rechteinhaber nicht ermittelt werden. Hier ist der Verlag bereit, nach Anforderung rechtmäßige Ansprüche abzugelten.

In den Nischen der Grabkapelle auf dem Württemberg stehen die vier Evangelisten. Die Skizze für Johannes fertigte Johann Heinrich Dannecker.

Personenregister

Die Textautorin:
Andrea Hahn, geboren in Weiden i. d. Oberpfalz, studierte Germanistik und Geschichte an der Universität München. Sie arbeitet als freiberufliche Journalistin und Lektorin in der Schillerstadt Marbach am Neckar. 2011 erschien im Silberburg-Verlag ihr Werk »Poesie im Kreuzgang. Literarische Spaziergänge durch Klöster in Baden-Württemberg«. Darüber hinaus verfasste sie zahlreiche Bücher, Aufsätze und Artikel in Sammelbänden, Zeitungen und Zeitschriften. Als Geschäftsführerin der »Literatur-Spaziergänge Hahn, Kusiek & Laing« hat sie seit 20 Jahren reiche Erfahrung in Bezug auf literarische Spurensuche gesammelt – unter anderem in Stuttgart, Marbach am Neckar, Weinsberg und Maulbronn sowie rund um Schloss Solitude.
Literatur-Spaziergänge Hahn,
Kusiek & Laing,
Mainzer Straße 42,
71672 Marbach a.N.,
Tel. 07144 84 12 16,
info@litspaz.de, www.litspaz.de

Der Fotograf:
Chris Korner, geboren in Nürnberg, absolvierte eine Lehre in einem Studio für Werbefotografie. Er arbeitet als Fotograf am Deutschen Literaturarchiv Marbach am Neckar und lebt in Warmbronn und Ávila (Zentralspanien). »Mythische Dichterorte« ist nach »Poesie im Kreuzgang« das zweite Buch, das er zusammen mit Andrea Hahn beim Silberburg-Verlag veröffentlicht.

Bildnachweis:
Deutsches Literaturarchiv Marbach am Neckar: 9, 16 (rechts), 19, 46, 50, 52, 55, 62, 63, 67, 68, 69, 70, 71, 76, 77, 78, 83, 84, 86, 94 (oben), 97, 107, 114, 116, 118, 120, 121,129 (oben), 130, 131, 139, 140, 143, 144, 148, 150 (unten), 152, 156, 159, 164, 165, 166, 167, 168, 169, 172, 176.

Stiftung Fritz von Graevenitz, Stuttgart: 80.

Alle anderen Abbildungen: Chris Korner.

Bild Frontispiz: Schloss Lichtenstein.

Umschlagbild: Wilhelm Hauffs Grab auf dem Hoppenlaufriedhof.

6
Eppingen
Guglingen
Bretten
3
4
Maulbronn
Illingen
Mühlacker
Pforzheim
8
24
Leonberg
Bad Liebenzell
Weil der Stadt
28
26
27
Calw
Herrenberg
Altensteig
Nagold
81